Herzensstern Alisha
Der steinige Weg in einer Welt des Perfektionismus

Über die Autorin:
Chanel Marie Martin, geboren 1989, aufgewachsen in Unterfranken, Bayern. Nach ihrem Schulabschluss und der abgeschlossenen Ausbildung zur Rechtsanwaltsgehilfin zog sie nach Frankfurt, wo sie heute mit ihrem Mann und ihrer Tochter lebt. Als sie das erste Mal den positiven Schwangerschaftstest in den Händen hielt, fing sie an zu schreiben.

Herzensstern Alisha
Der steinige Weg in einer Welt des Perfektionismus

Bibliografische Information der Deutschen
Nationalbibliothek:
Die Deutsche Nationalbibliothek verzeichnet diese
Publikation in der Deutschen Nationalbibliografie; detaillierte
bibliografische Daten sind im Internet über http://dnb.dnb.de
abrufbar.

© 2014 Chanel Marie Martin
Herstellung und Verlag:
BoD – Books on Demand, Norderstedt

ISBN: 978-3-7386-0080-3

In Gedenken an meine geliebte Tochter Alisha.
Du bist meine wundervolle Tochter im Himmel
und für immer in meinem Herzen.
Alisha, ich liebe dich!

Du bist ein Geschenk Gottes.
Ich liebe dich.
Denn für mich bist du perfekt.

Sonntag, 10. Juni 2012
Ein neuer Zyklus.. ein neuer Versuch zum Glück

Es ist der 10.06.2012, ich habe meine Tage. Es hat dieses Mal nicht geklappt. Mein Schatz und ich wollen schwanger werden und versuchen es erst seit Kurzem. Ich kann mir nichts Schöneres vorstellen, als mit meinem Traummann ein Kind zu zeugen. Mein Schatz ist einfach perfekt. Ich wusste von Anfang an, dass er der Mann ist, mit dem ich mein Leben verbringen möchte. Der Mann, den ich heiraten und eine Familie gründen möchte. Er sieht es genauso und so zogen wir nach nur einem Monat Beziehung zusammen - die beste Entscheidung, welche wir hätten tun können. Wir ergänzen uns perfekt in jeglicher Hinsicht.

Da ich bereits in den vergangenen Tagen die Vorahnung hatte, dass ich meine Tage bekomme, habe ich bereits Mönchspfeffer bestellt in einer Online-Apotheke. Ich habe so vieles darüber gelesen, dass Frauen mithilfe von diesen Tabletten schwanger wurden. Ich möchte es einfach versuchen und deshalb werde ich diese Tabletten ab heute täglich nehmen. Was hab ich schon zu verlieren?

Vor wenigen Tagen war ich auch bei meinem neuen Frauenarzt gewesen. Da ich umgezogen bin, musste ich mir aufgrund der großen Entfernung zu meiner Frauenärztin einen neuen Arzt suchen. Diese Suche hat sich als sehr schwierig gestaltet. Kein Frauenarzt wollte mich als Patientin aufnehmen. Eine Arzthelferin hätte mir einen Termin für März 2013 geben können, aber da ich einen Kinderwunsch habe und das sagte ich ihr auch so, möchte ich damit nicht bis nächstes Jahr warten. Ich fragte sie auch, was in dem Fall wäre, wenn ich bis dahin schwanger werden würde - sie antwortete ganz trocken, dann müsse ich mir einen anderen Arzt suchen. Die Arztwahl in einer Großstadt gestaltet sich wirklich (hier zumindest) als sehr schwierig.

Mein neuer Frauenarzt konnte zwar nicht ganz verstehen, dass ich in meinem jungen Alter (22 Jahre) bereits ein Kind möchte, aber ich machte ihm klar, dass dies nichts mit dem Alter, sondern der Reife und dem Verantwortungsbewusstsein zu tun hat. Ich fühle mich mehr als bereit für ein Kind. Ich habe einen sicheren Job, meinen Traummann, ein gutes Alter - ich freue mich auf ein Leben mit Traummann und Traumkind. Mein Frauenarzt riet mir, eine Temperaturkurve zu führen. Damit hatte ich heute mit Beginn der Periode angefangen und fleißig in ein Zyklus App sowie im Internet bei einer Temperaturkurven-Seite eingetragen. Ich bin gespannt, wie dieser Zyklus mit Mönchspfeffer wird.

Sonntag, 24. Juni 2012
Eisprung - es wird geherzelt

Ich spüre ein Ziehen im Unterleib sowie zeigt mir meine Temperaturkurve an, dass ich einen Einsprung habe. Die letzten Tage haben wir bereits fleißig geherzelt und das setzen wir natürlich jetzt fort. Denn während des Eisprungs bzw. davor und wenige Stunden danach kann man schwanger werden.

Sonntag, 1. Juli 2012
Mist! Die Tempi ist nach unten gegangen

Nach dem Eisprung muss die Temperatur oben bleiben. Bei mir ist sie heute auf ein absolutes Tief gesunken. Ich habe sicherlich eine Gelbkörperhormonschwäche. Was für ein Mist. Die letzten Tage war die Temperatur so schön oben gewesen und jetzt sinkt sie sogar unter die Standart-Linie. Ich bin schon etwas enttäuscht. Ich mache mir jeden Monat Hoffnung - diesmal klappt es und dann funktioniert es doch wieder nicht. Vielleicht liegt es an meinem Sternzeichen, ich bin meist ein Optimist und demnach müssen wir es eben nächsten Monat wieder probieren. Irgendwann kommen wir zu unserem großen Glück. Die Mönchis nehme ich trotzdem weiter, die sollen schließlich auch allgemein gut sein für einen gleichmäßigen Zyklus.

Montag, 2. Juli 2012

Die Tempi ist wieder oben - Juppi :)

Die Tempi ist oben - und zwar richtig weit oben :)! In dem Zyklus bisher mein absolutes Tempi-Hoch :). Ich freue mich so - vielleicht ist das doch noch ein gutes Zeichen, vielleicht hat es dieses Mal wirklich geklappt. Ich hoffe so sehr, dass dies die nächsten Tage auch so bleibt.

Mittwoch, 4. Juli 2012
Erste Schwangerschaftsanzeichen?

Hilfe.. dieser Juckreiz macht mich verrückt. Mein Bauch juckt nur noch und mein Busen. Was ist das denn? Ich drehe noch durch. Schon alle paar Stunden creme ich mich mit Öl ein, damit der Juckreiz erträglich wird. Normalerweise habe ich immer nach dem Eisprung eine riesen Lust auf Schoki, aber dieses Mal gar nicht. Ich esse eigentlich täglich eine halbe bis ganze Tafel Schokolade (aber keine Sorge, ich bin sehr schlank - ich ernähre mich ansonsten gesund). Jetzt türmen sich die Schokoladentafeln im Kühlschrank und mein Schatz hat mich heute schon verwundert gefragt, warum ich keine Schoki esse. Auf meine Antwort "Ich habe keine Lust auf Schoki", musste er grinsen und sagte schon "Na schwanger?" :D. Ich kann es kaum erwarten, einen Schwangerschafts-Test zu machen. Ich glaube schon irgendwie ziemlich stark, dass ich schwanger bin. Aber das habe ich in den letzten Zyklen auch geglaubt und dann testete ich. Immer sobald ich einen Test gemacht hatte, war dieser natürlich negativ und am selbigen Tag bekam ich meine Tage. Dieses Mal warte ich etwas mit dem Test, vielleicht bringt das dann Glück.

Dienstag, 10. Juli 2012
Morgen könnte mein großer Tag sein..

Ich habe mir vorgenommen, Morgen, den Schwangerschaftstest zu machen. Nach meiner Arbeit fuhr ich zum DM-Markt und habe mir anschließend einen SS-Test, Schnuller und Mama Massage-Öl gekauft. Der Blick des Verkäufers an der Kasse war göttlich :). Ich verstehe, bei meiner Produktwahl kann man schon stutzig werden. Das Mama-Öl habe ich gekauft, weil weiterhin alles wie verrückt juckt - der Bauch, der Busen. Vielleicht hilft das einfach mehr gegen den Juckreiz. Die Schnuller habe ich schon einmal gekauft, weil ich damit eine Überraschungsidee habe, für den Fall, dass ich schwanger bin. Ich glaube weiterhin ganz fest an einen positiven Test, aber man weiß ja nie.

Schwanger - ja oder nein???

Ich kann vor lauter Aufregung nicht schlafen. Heute will ich den Test machen. Oder soll ich ihn lieber morgen machen? Offiziell müsste ich laut Kalender heute meine Tage bekommen. Eigentlich bin ich mir so sicher schwanger zu sein. Dieser Juckreiz ist weiterhin, meine Brust spannt und ich habe weiterhin absolut keine Lust auf Süßes. Mein Schatz hatte Spätschicht und konnte sich erst um kurz nach 24 Uhr zu mir ins Bett legen. Ich habe ihn jetzt drei Stunden bequatscht. Ich habe richtig Angst nicht schwanger zu sein, weil ich mir eben so sicher bin. Ich wünsche mir doch so sehr ein Kind. Kann ich mir die ganzen Symptome einbilden? Es bilden sich ja viele Frauen irgendwelche Sachen bei starkem Kinderwunsch ein. Bitte, bitte, bitte bin ich schwanger!!!

Mittwoch, 11. Juli 2012
Ich bin schwanger!!! :D Juppi

Oh mein Gott, ich kann es gar nicht glauben :). Ich bin nur noch am Heulen vor lauter Freude. Ich habe es einfach nicht mehr ausgehalten und bin kurz nach 5 Uhr aufgestanden. Ich habe meine Tempi gemessen, diese war mit 37.1 C° weiterhin schön oben. Dann bin ich ins Bad, pinkelte in einen Plastikbecher und tauchte den Schwangerschaftstest hinein, wie auf der Packung beschrieben. Ich legte ihn aufs Fensterbrett, aber meine kleine Katze hatte den Test auf den Boden geworfen. Eigentlich soll man drei Minuten auf das Ergebnis warten. Ich hob ihn auf und es waren nur wenige Sekunden seit dem Eintauchen im Urin vergangen, aber er zeigte ganz deutlich zwei Striche - schwanger :)!!! Ich kann es absolut nicht begreifen, dass es wirklich endlich geklappt haben soll.

Ich habe gerade aus dem Wohnzimmer einen Schnuller geholt und auf den Nachtisch von meinem Schatz gelegt. Ich versuchte, ihn zu wecken. Aber es hat einfach nicht geklappt. Ich habe ihn wohl letzte Nacht eindeutig zu viel bequatscht.

Ich probierte es eine halbe Stunde später nochmals, aber immer noch kein Erfolg bei meiner Weckaktion. Aber ich gebe nicht so schnell auf;). Ich habe noch etwas Zeit, bis ich zur Arbeit muss.

Weckaktion Nr. 3 ist geglückt :)!! Wie die zwei vorherigen Male bin ich zu meinem Schatz, küsste ihn. Total müde sagte er "ich liebe dich Schatz". Dann nahm ich den Schnuller vom Nachtisch und hielt ihn direkt vor seine Augen. Ich sprach: "Mach mal die Augen auf, ich hab hier was für dich". Er öffnete seine Augen und las "Nuk, was ist das?" Ich musste lachen: "Es geht nicht ums Nuk Schatzi, sondern um den Schnuller an sich". Er grinste wie ein Honigkuchenpferd und schloss wieder die Augen. "Das heißt, du wirst Papa". Er grinste weiter und schlief wieder sofort ein.

Ich fuhr zur Arbeit und erst um etwa 12 Uhr bekam ich ein Lebenszeichen von meinem Honey. Ich machte mir in der Zwischenzeit viele Gedanken. Will mein Schatz doch kein Kind mehr, was denkt er jetzt, fühlt er sich jetzt nicht mehr der Situation gewachsen usw. Es kam eine SMS "Juppi! :) Ich werde Papa :)))))!!!!!!"

Es war einfach fantastisch!!!!

Meiner Arbeitskollegin, welche gegenüber von mir sitzt, erzählte ich schon heute Morgen, dass ich schwanger bin. Ich freute mich so und wollte es am Liebsten in die weite Welt hinausschreien. Um 9 Uhr rief ich dann schon bei meinem Frauenarzt an und machte einen Termin aus für den 17. Juli, früher ging leider nicht.

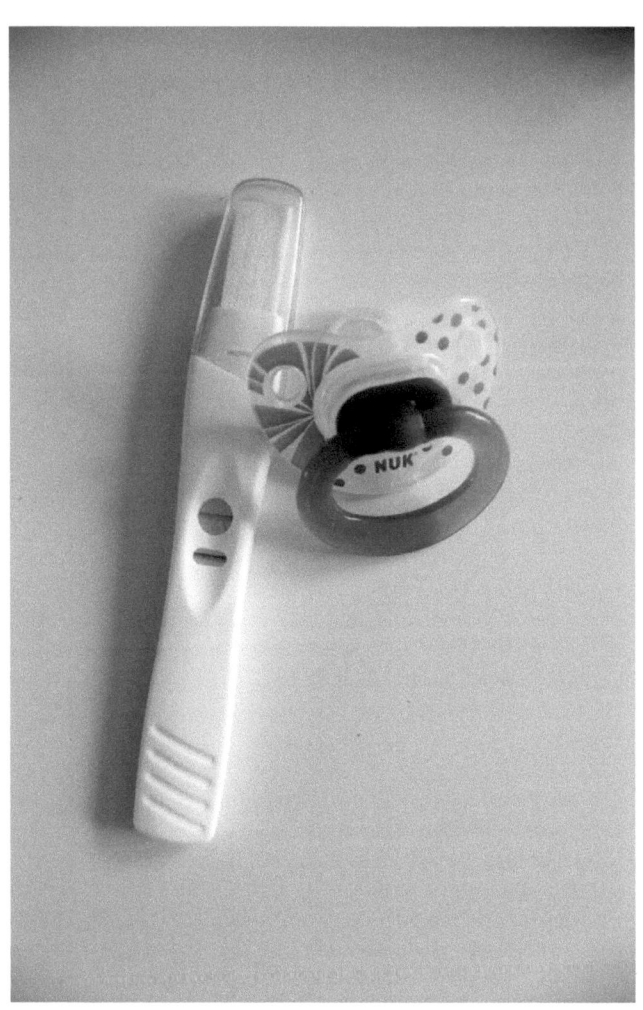

Freitag, 13. Juli 2012
Der Familie die freudige Nachricht überbringen

Ich halte es einfach nicht aus. Ich freue mich so sehr, dass ich endlich schwanger bin, und kann und will es nicht mehr für mich behalten. Es war schwer jeden Abend mit meiner Mom zu telefonieren, aber ihr nichts zu sagen. Ich will endlich frei darüber reden dürfen. Viele Frauen warten bis Ende der 12. Woche mit Bekanntgabe der Nachrichten, weil natürlich noch viel passieren kann. Meistens werden diese 12. Wochen als magische Grenze gesehen. Innerhalb dieser Wochen passieren noch viele Fehlgeburten, danach liegt das Ganze bei ca. 1 %. Was ist schon dieser kleine Prozent? Ich denke mir einfach, dass es doch viel schlimmer ist, wenn in dieser kritischen Zeit etwas passiert und man niemanden hat mit dem man hierüber reden kann.

Gestern Abend rief ich noch meine beiden Elternteile mit ihren neuen Partnern an und fragte, ob ich sie heute besuchen könne. Mein Dad war etwas stutzig, aber ich erzählte ihm einfach, dass ich in der alten Heimat sei, weil mich Mom zum Essen eingeladen habe ;). War auch gar nicht so eine große Lüge :D.

Ich habe auch noch Mittwochabend Bücher für unsere Familien bestellt. In diese schrieb ich einen Spruch und verpackte jedes Büchlein einzeln mit einem Schnuller, welches ich dann jeweilig übergeben wollte. Für die Eltern meines Schatzis kaufte ich natürlich auch gleich alles mit :). Für meine Brüder hatte ich jeweils einen Schnuller in eine kleine Geschenktüte mit einem Zettelchen "Hallo Onkel, in 9 Monaten bin ich da".

Als Erstes erfuhr es meine Mama. Wir aßen schön zu Abend - ungarische Gulaschsuppe. Mein Lieblingsessen - Mensch war das lecker!! Nudeln mit selbstgemachter Pesto gab es auch noch, super!

Als wir fertig mit Essen waren, holte meine kleine Schwester (6 Jahre) ein Mathe-Buch und meine Mama diktierte uns Aufgaben. Mein großer Bruder war auch mit seiner Freundin da. Obwohl man es nicht glaubt und meine Schwester die 1. Klasse besucht, wir saßen alle am Tisch und haben wirklich überlegen müssen. Mama diktierte immer wieder Aufgaben und ich hatte keine Lust mehr, sodass ich dann meinte, wir müssten Mal eine Ruhe-Mathe-Pause einlegen und ich übergab die Geschenke. Zu meinem Bruder sagte ich extra er solle das Geschenk ganz langsam aufpacken, damit meine Mama eben nicht vor dem Auspacken Ihres schon alles weiß. Mom wunderte sich sehr über das Geschenk: "Für was ist das denn?" Meine Antwort: "Ich hatte einfach mal Lust dazu, ist auch nur eine Kleinigkeit" :). Die erste Reaktion kam von meinem Bruder, als er das Zettelchen las: "Schwesterchen, hast du was angestellt?" Mein Schatz und ich schauten uns an und mussten so losprusten vor Lachen. Mom hatte ihres auch in der Zwischenzeit mal geschafft auszupacken. Sie las laut vor "Für die beste Oma der Welt". Sie blickte uns an und fragte ganz ungläubig "Werde ich Oma?" Ich nickte und weil meine Mama schon Tränchen in den Augen hatte und ich das alles so goldisch fand, musste ich dann auch schon heulen und lachen und alles gleichzeitig. Meine Mama freute sich riesig und umarmte uns und rief dann gleich ihren Freund und verkündete, dass sie Oma wird. Mein Bruder und seine Freundin verstanden dann auch recht schnell und fingen auch so langsam an sich zu freuen, auch wenn man merkte, dass alle ziemlich geschockt waren. Wir hatten nie verlauten lassen, dass wir Kinder wollen. Damit umgeht man unangenehme Fragen wie, na wann klappt es denn endlich? Hast du schon ein Bäuchlein? Habt ihr euch schon auf eure Fruchtbarkeit testen lassen?

Meine Mama saß den ganzen Abend noch ungläubig da und sagte immer wieder "ich werde Oma". Es war so süß. Natürlich hatte ich noch vor Verkündung gelesen, wie man es einem Kind am Besten erzählt und lauter Tipps gelesen. Aber leider sprach die Freundin meines Bruders genau das aus, was laut den Erklärungen gar nicht gesagt werden solle "Du wirst Tante" :). Meine kleine Schwester verkroch sich in ihr Zimmer, heulte und konnte es einfach nicht verstehen. Dass ihre Mama plötzlich Oma sein solle und sie Tante. Es sei doch ihre Mama. Wir konnten sie zum Glück wieder beruhigen und dann war es doch nicht mehr schlimm.

Anschließend fuhren mein Schatz und ich zu meinem Daddy und seiner Freundin. Wir saßen im Wohnzimmer, tranken irgendwelche Fruchtschorlen und quatschten über Arbeit, Autos usw. Irgendwann fing mein Dad, so verrückt, wie er halt manchmal ist, mit einem großen Kuscheltier-Hund an zu sprechen. Ich ergriff die Chance, steckte das Geschenk in den Mund des Hundes und meinte "Aufmachen! Das ist für euch". Auch mein Dad und seine Freundin waren natürlich verwundert, warum sie etwas bekommen sollten. Daddy packte es aus und las laut vor "Für den besten Opa der Welt", in der anderen Hand hielt er den Schnuller. Man merkte, wie es richtig in seinem Kopf ratterte. Er starrte nur seine Hände an - das Buch in der einen, den Schnuller in der anderen Hand. Seine Freundin verstand aber sofort, lachte und umarmte ihn "Hallo Opa (lach), siehst du ich hatte doch recht, dass deine Kinder zuerst mit Nachwuchs kommen. Das ist doch wunderschön." Sie stand auf und umarmte uns, mein Dad erhob sich dann auch und umarmte uns, aber war weiterhin total neben der Kappe. Er konnte keinen Satz bilden. Er ließ sich wieder in das Sofa fallen, nahm den Stoffhund vor sich und scherzelte herum "Hallo Opa". Er wurde immer lockerer, lachte viel, aber man merkte richtig, wie er noch den restlichen Abend unter Schock stand. Meinem kleinen Bruder, weil dieser nicht da war, stellte ich auf den Nachtisch die Geschenktüte mit dem Schnuller. Er schrieb mir später noch eine SMS und rief mich am nächsten Tag an, wie sehr er sich freuen würde.

Es war einfach süß und ich hätte keine besseren Reaktionen erwarten können :).

Dienstag, 17. Juli 2012
Frauenarzttermin - Bestätigung der Schwangerschaft

So jetzt ist es offiziell. Ich bin schwanger. Ich habe vom Frauenarzt eine Bestätigung für den Arbeitgeber erhalten und habe ihm diese Botschaft auch gleich mitgeteilt. Er freute sich und ich solle ihm auf dem Laufenden halten, was es wird. Nur meine Vorgesetzte kam mit so Sprüchen wie "Sie sind noch wenige Wochen in der Probezeit, wir können Sie ja jetzt kündigen. Sie sind noch ganz am Anfang, vielleicht verlieren Sie es auch noch. Das passiert ja ganz oft." Ich hätte ihr am Liebsten den Hals umgedreht - was fällt ihr ein, so etwas zu sagen?! Auf dem Ultraschall hat man etwas Kleines gesehen. Es war voll süß, aber es sah eher wie ein kleines Alien als ein Menschlein aus. Schade, dass ich kein Bild bekommen habe. Ich hätte total gerne eines gehabt. Mein Schatz weiß zwar, dass ich schwanger bin und freut sich, aber anhand mancher Reaktionen scheint er noch gar nicht so recht glauben zu können, dass in mir tatsächlich ein „uns" wächst. Ich freue mich darauf, wenn ich irgendwann einen dicken Bauch vor mir trage und dann irgendwann unser Kleines auf den Arm halten darf. Ich bin jetzt in der 6. SSW.

Montag, 6. August 2012

Diese Übelkeit bringt mich um.. :(

Ich muss mich bei allem nur noch übergeben, und selbst wenn ich nichts zu mir nehme, übergebe ich mich. Ich kann nicht mehr. Die Übelkeit habe ich bereits seit zwei Wochen. Seit 5 Tagen kann ich allerdings gar nichts mehr riechen und essen. Heute Morgen ging ich zur Vertretung meines Frauenarztes, weil sich dieser im Urlaub befindet. Ich bekam Vomex-Tabletten und wurde krankgeschrieben. Auch wenn der Arzt erst einmal meinte, mein Arbeitgeber solle sich zufriedengeben mit der Rechtsprechung, dass ich erst ab dem 3. Tag eine Krankmeldung bräuchte. Zumindest hat er die Krankmeldung doch noch ausgestellt. Nach Einwurf der Tablette schlief ich tief und fest - 4 Stunden. Selbst die Klingel, mein Telefon und mein Handy hörte ich nicht. So fest schlief ich. Übel ist mir weiterhin und übergeben musste ich mich heute bereits 5 Mal. Ich habe keine Kraft mehr. Ich fühle mich richtig schlapp.

Dienstag, 7. August 2012

Hyperemesis gravidarum - stationärer Aufenthalt im Krankenhaus

Verzweiflung, Hilflosigkeit, eine nicht enden wollende andauernde Übelkeit.. Hyperemesis gravidarum. Nachdem ich selbst die Vomex-Tabletten des Arztes erbrechen musste, bin ich heute Morgen gleich wieder zum Arzt gefahren. Er gab mir sofort eine Überweisung ins Krankenhaus. Dort an der Anmeldung angekommen, fragte mich sogleich der Arzt, ob er mir sofort einen Katheter legen solle. Es wurde Ultraschall gemacht. Endlich sah ich wieder meinen kleinen Schatz. Es sah so süß aus. Der Arzt druckte das Ultraschallbild aus und legte es in die Akte. Im Zimmer liegen außer mir noch zwei weitere Frauen, eine hochschwangere mit Wehen, eine andere mit Baby, frisch geboren. Wie schön wäre es schon so weit zu sein, damit diese Übelkeit endlich weg ist. Aber bis dahin ist noch ein weiter Weg - ich bin erst in der 9. SSW.

Donnerstag, 9. August 2012

3. stationärer Tag im Krankenhaus

Ich will nach Hause. Ich wandere alle paar Stunden auf eine neue Station in ein neues Zimmer und wieder zurück und dann doch wieder ganz woanders hin. Dann gibt es hier Frauen, welche auf den Gedanken kommen die komplette Familie einzuladen und dann genüsslich Döner im Zimmer zu essen, während ich die ganze Zeit einen Würgereiz verspüre und aus dem Zimmer zu fliehen versuche. Die Krankenschwester kann oder will nichts dagegen unternehmen. Wie soll so meine Übelkeit weggehen? Soll das eine Art Schocktherapie sein?

Zumindest werde ich im Krankenhaus gefragt, was ich möchte, und muss mir kein Essen ohne meinen Willen herunterzwingen. Den ganzen Tag hänge ich am Tropf. Vomex, Glucose und Vitamine sind mein täglicher Begleiter. Das Vomex ist ganz schlimm. Es hemmt die Übelkeit, macht aber dermaßen müde, sodass ich täglich mittags 3-5 Stunden im Tiefschlaf versinke. Danach ist mein Kreislauf so am Boden, dass ich mich kaum auf den Beinen halten kann. Ein Blutdruck von 90 zu 50. Mein Schatz kommt mich täglich besuchen. Ich wüsste nicht was ich ohne ihn machen würde. Er ist eine riesige Unterstützung für mich. Wegen ihm und unserem Baby versuche ich, diese Kotzerei zu überstehen. Ich hoffe meinem Baby geht es gut und die fehlende Nahrungszufuhr schadet ihm/ihr nicht. Hoffentlich kann ich bald wieder normal essen und auch die Folsäuretabletten zu mir nehmen, ohne dass diese wieder den Weg nach draußen suchen. Ich vermisse meine Katzen so sehr und meine anderen Tierchen und natürlich vermisse ich es über alles Zuhause mit meinem Schatz Arm in Arm einzuschlafen oder einen Film vor dem TV anschauen.

Ich konnte heute zumindest Kartoffeln essen und bin sehr froh darüber. Auch etwas Pudding hat funktioniert.

Freitag, 10. August 2012

4. Tag im Krankenhaus - ich kann etwas essen :)

Wie schön sich das anfühlt. Ich konnte heute fast das komplette Mittagessen verspeisen. Ich hatte mich vorhin noch bei der Krankenschwester beschwert, dass ich gerne nach Hause möchte und ich seit zwei Tagen keine Ärztin gesehen habe, weil ich immer von Station zu Station wandern muss. Und tatsächlich um kurz vor 23 Uhr kam eine Ärztin zu mir. Sie war äußerst nett und fragte mich nach meinem Befinden. Ich sagte ihr, dass ich gerne nach Hause möchte und es sicherlich andauern würde, bis die Übelkeit komplett weg wäre, aber ich zumindest schon ein bisschen zu mir nehmen könne. Sie wolle am nächsten Tag zu mir kommen und dann ggf. entscheiden, ob ich nach Hause darf.

Ich hatte heute so Lust auf Kinderschokolade und Schokobons - mein Schatz hat mir die Schoki ins Krankenhaus mitgebracht :). Juppi.

Samstag, 11. August 2012

5. Tag im Krankenhaus - es geht nach Hause :)

Endlich darf ich wieder Heim. Die Ärztin gab mir die Erlaubnis. Ich darf jederzeit wieder kommen, wenn es mir wieder schlechter gehen würde. Meine Katzen haben mich so süß begrüßt. Man merkt richtig, dass sie mich vermisst haben. Sie liegen die ganze Zeit bei mir und wollen nur noch schmusen. Wie schön es doch hier ist. Mein Schatz freute sich auch sehr, dass wir endlich wieder zusammen sein dürfen. Das Essen fällt mir schwer. Die Übelkeit ist weiterhin vorhanden. Am Montag soll ich nochmals zum Frauenarzt und dort besprechen, wie ich mit Medikamenten das Ganze in den Griff bekomme. Was mich sehr ärgert: Das Krankenhaus hat mein Ultraschallbild verschlampt. Toll wie die mit Patientendokumenten umgehen.

Montag, 13. August 2012
Vomex - Zaubermittel gegen Übelkeit?

Vor wenigen Minuten saß ich mit meinem Schatz beim Arzt. Ich bekam Vomex-Zäpfchen. Diese würde ich nicht erbrechen können und würden helfen. Ich bin gespannt, ob diese mehr wirken als die gleichnamigen Tabletten. Ich bin jetzt noch weiter krankgeschrieben. Mit den Tabletten oder auch Zäpfchen kann man nicht arbeiten. Diese bringen meinen Kreislauf zum Stillstand.

Freitag, 17. August 2012

1. Vorsorgetermin - die ersten Ultraschallbilder

Es war wunderschön. Mein Schatz kam mit mir zur Ultraschalluntersuchung. Es waren 4 Wochen seit der letzten Untersuchung vergangen. Ob es meinem Schätzchen gut ging? Die Übelkeit ist weiterhin schlimm. Aber zumindest kann ich ein wenig zu mir nehmen, ohne es erbrechen zu müssen. Heute bin ich in der 10. SSW. Die zuletzt verschriebenen Vomex-Zäpfchen halfen nicht. Sie machten total müde, aber die Übelkeit ging dadurch leider nicht weg. Noch dazu musste ich immer innerhalb einer Stunde nach der Einführung aufs Klo und es kam alles wieder heraus. Aber laut Arzt wären dann schon genügend Stoffe vom Körper aufgenommen worden.

Dann wurde Ultraschall gemacht. Man konnte schon alles erkennen. Die Arme und Beine, das Gesicht. Mein Schatz grinste auch ganz stolz und endlich bekamen wir die ersten Bilder und meinen Mutterpass.

Überglücklich gingen wir nach Hause und ganz stolz verschickte ich gleich lauter Ultraschallbilder an meine Liebsten :). Es ist unfassbar, dass so ein süßes Wesen in meinem Bauch wächst. Ich bin jetzt in der 10. SSW.

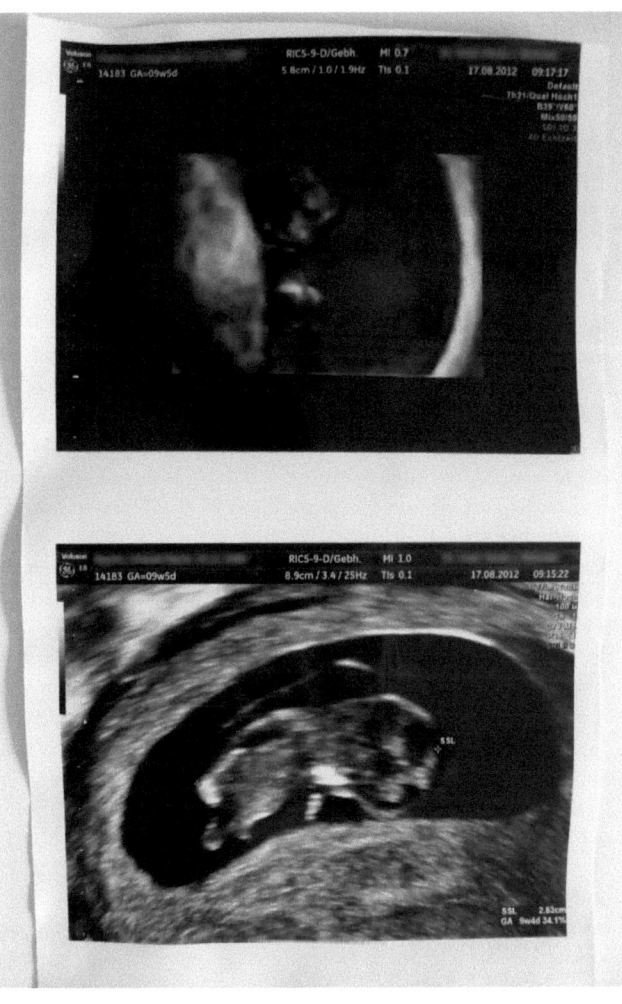

Donnerstag, 13. September 2012
2. Vorsorgetermin - behindertes Kind, Abtreibung

Ich bin so geschockt. Ich weiß gar nicht was ich sagen oder denken soll. Ich hatte vor wenigen Stunden meinen 2. Vorsorgetermin beim Frauenarzt. Mein Schatz war natürlich auch wieder dabei und ich bin sehr froh darum. Zuerst saßen wir da und der Frauenarzt fragte mich, wie es mir ginge und was die Übelkeit mache. Diese war bis auf ganz wenige Ausnahmen weg. Dann sollte ich in den Nebenraum zum Ultraschall. Ich nahm auf der Liege platz. Mein Schatz stand am anderen Ende und hielt seine Hand auf meinem Bein. Dann begann der Ultraschall. Der Frauenarzt schallte und schallte. Er sagte kein Wort. Es beschlich mich sofort ein schlechtes Gefühl. Er zeigte uns das Köpfchen unseres Babys. Man sah den Kopf und hintenan eine Art schwarze Blase in Weiß eingerahmt. Er meinte dies sei gar nicht gut. Ich fing an zu weinen und fragte, was das heißt. Ob das Kind krank oder behindert ist - keine Antwort. Er schallte weiter, zeigte uns das Ganze nochmals in 3 D "So sieht man das nochmals besser. Da ist der Kopf und das hier hinten ist ganz und gar nicht gut". Ich fragte wieder "Was ist mit meinem Kind? Ist es behindert?" - keine Antwort. Ich weinte immer mehr. Er schallte immer weiter ... 30 ewig lange Minuten. Immer wieder sprach er: "Denken Sie daran, Sie wollen ein gesundes Kind". Ich wollte nur noch weg. Das Einzige was er sagte war "Bleiben sie ruhig liegen. Hören Sie auf zu weinen. Bewegen Sie sich nicht. Bewegen Sie sich nicht. Sie dürfen sich nicht bewegen!" Dann sollte ich mich anziehen und wir würden im Nebenzimmer alles besprechen. Ich zog mich an, mein Schatz umarmte mich. Ich konnte nur noch weinen. Was bedeutet das alles? Wir gingen ins Besprechungszimmer und setzten uns. Dann folgten die Worte des Arztes: "Ihr Kind ist schwerbehindert. Denken Sie schon einmal an Abtreibung. Ich brauche hierfür auch keine zweite Meinung. Ich bin mir absolut sicher. Ich habe eines der besten Ultraschallgeräte. Ich würde sagen wir treffen uns in zwei Wochen wieder und schauen uns die Entwicklung an. Sie wollen ja ein gesundes Kind. Nettigkeitshalber kann ich Ihnen anbieten, einen Termin in der Klinik, beim Oberarzt, zu machen. Dann machen Sie eine Fruchtwasseruntersuchung und haben ein schnelleres Ergebnis. Ich kenne den Oberarzt, ich war gestern Abend erst mit ihm essen. Es ist nur ein Angebot, ich brauche keine zweite Meinung. Ich bin mir sicher. Sie wollen ein gesundes Kind." Wir beschlossen, den Termin in der Klinik wahrzunehmen. "Ich rufe gleich an und mache einen Termin aus. Aber denken Sie daran, Sie wollen ein gesundes Kind und da gibt es nur eine Lösung. Denken Sie an Abtreibung. Nehmen Sie nochmals draußen Platz."

Wir setzten uns nach draußen. Wir hielten uns fest im Arm und ich weinte und weinte. Mein Schatz stand auch total unter Schock. Es war alles wie im Horrorfilm. Die zwei Arzthelferinnen wurden in das Besprechungszimmer gerufen und danach verbreiteten sie totale Hektik. Eine Arzthelferin telefonierte wild herum und wollte den Oberarzt der Klinik sprechen, die Andere schickte die Frau im CTG-Raum nach Hause, die Frauen im Wartezimmer wurden plötzlich eingeschlossen und mit Ihnen wurde im geschlossenen Raum etwas besprochen. Der einen Frau wurde dann nur per Handzeichen mitgeteilt, dass Sie in den Besprechungsraum solle. Nach etwa 15 Minuten wurde uns dann ein Umschlag in die Hand gedrückt mit dem Termin für die Klinik. Wir sollen anrufen, sobald wir die Infos der Klinik wissen würden und dann gingen wir nach Hause. Vor der Praxis fing dann auch mein Schatz an zu weinen. Ich hatte ihn noch nie zuvor weinen sehen. Stumm fuhren wir nach Hause. Ich war nur noch am Weinen. Ich berichtete meiner Familie von den Ergebnissen. Während ich mit meiner Mutter telefonierte, fiel mir der Umschlag immer wieder ins Auge. Als ich vor wenigen Wochen wegen der starken Übelkeit im Krankenhaus war, bekam ich die Überweisung für die Klinik direkt in die Hand. Warum war der Umschlag verschlossen? Ich öffnete ihn. Denn schließlich ging es um mich und mein Baby und ich wollte wissen, was darin über mich stand. Ich las die Befunde durch und war geschockt. Warum hatte uns der Arzt nichts gesagt? Ein Bild von unserem kleinen Schatz war auch dabei, in 3 D. Man konnte das am Hinterkopf klar und deutlich sehen. In den

Befunden stand, dass mein Baby Flüssigkeitsansammlungen im Nacken und am Körper habe. Zudem kam noch ein Herzfehler und Verdacht auf eine fehlende Harnblase. All das hatte uns der Arzt nicht gesagt. Auf Anraten meiner Mutter rief ich bei meiner früheren Frauenärztin an. Sie war selbst in Mutterschutz, aber ihre Kollegin hat das DEGUM II Zertifikat, welches man nur erhält, wenn man sehr gut in der Ultraschall-Diagnostik ist. Es gibt hierfür die Stufen I bis III. Die Stufe III ist die Höchste. Ich bekam einen Termin für Montag. Bis dahin würde es wohl eine schlimme ungewisse Zeit voller Tränen und schlimmen Träumen werden. Ich habe Angst um mein Kind. Was hat es bloß?

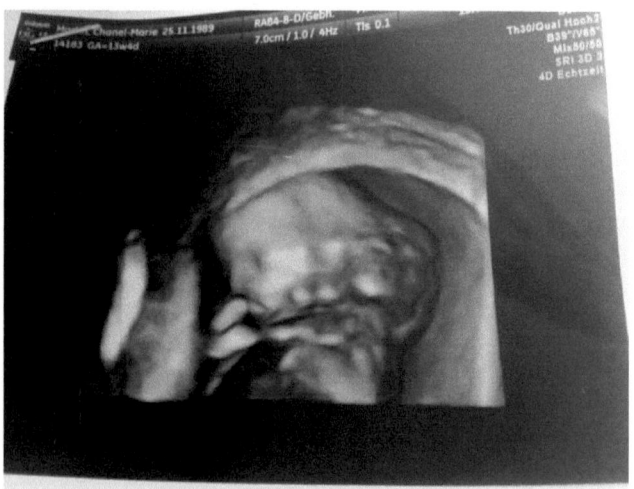

Freitag, 14. September 2012
Meinung einer Hausärztin

Tausende Gedanken schossen mir in den Kopf. Es kam mir zu dem Termin bei der Frauenärztin wie eine Ewigkeit vor. Ich wollte mit einem Arzt sprechen, egal mit wem. So machte ich einen Termin bei meiner Hausärztin aus und zum Glück durfte ich sofort vorbeikommen. Die letzte Nacht war schlaflos für mich. Seit 3 Uhr bin ich wach und lese alles Mögliche im Internet.

Ich schilderte der Hausärztin die Befunde und die Aussagen meines Frauenarztes und bat sie für eine Überweisung zu einer anderen Frauenärztin. Diese bekam ich. Die Hausärztin sagte, dass sie wissen würde, dass eine hohe Flüssigkeitsansammlung beim Fötus meist auf eine Behinderung hindeuten würde. Aber sie selbst würde Kinder mit Down-Syndrom kennen und findet diese klasse. Sie seien so liebenswert und herzlich und sie selbst würde nie solch ein Kind abtreiben.

Das Gespräch mit ihr hat mich sehr beruhigt. Auch wenn sie mir nicht helfen konnte. Zumindest konnte sie mir etwas die Angst nehmen. Ich bin ihr dafür sehr dankbar.

Montag, 17. September 2012
Die zweite Meinung von einer Frauenärztin

Der Tag fing schon gut an. An der Rezeption der Frauenärztin übergab ich die zuvor telefonisch abgesprochene Überweisung von meiner Hausärztin. Diese wurde nicht akzeptiert. Ich bräuchte eine Überweisung vom Frauenarzt. Ich rief in der Praxis an und die Arzthelferin war zwar verwundert, sicherte mir aber die Ausstellung der Überweisung zu.

Nach einer kurzen Zeit im Wartezimmer gingen mein Schatz und ich in das Besprechungszimmer. Wir erzählten der Ärztin die Aussagen meines Frauenarztes und die Befunde, welche er uns nicht mitteilte, sondern nur auf der Überweisung für die Klinik standen.

Die Ärztin machte einen Ultraschall. Es dauerte vielleicht 5 Minuten. Sie diktierte ein paar Befunde der Arzthelferin und dann nahmen wir wieder im Besprechungsraum platz und sie nahm sich ausführlich Zeit, um uns über alles zu informieren. Meine ganzen Fragen konnte ich loswerden. Auch die Ärztin sagte, dass unser Kind vermutlich eine Behinderung habe, da das stark ausgeprägte Ödem (Wasseransammlung) im Nackenbereich und am Körper des Kleinen meist darauf hindeuten würde. Auch hätte unser Kind einen Herzfehler. Ich fragte nach, ob hierfür eine Möglichkeit bestünde, diesen Herzfehler zu operieren. Bereits am Wochenende las ich vieles im Internet und wusste von einer Op, welcher in der Uniklinik in Bonn erfolgreich bei einem Baby im Mutterleib vorgenommen wurde. Die Ärztin bestätigte meine Meinung und sagte, dass man diesen Herzfehler tatsächlich operieren könne. Eine Harnblase konnte sie auf dem Ultraschall nicht erkennen, aber das müsse man einfach weiter beobachten. Es könne auch einfach sein, dass die Blase nicht gefüllt sei. Sie riet uns dennoch den Termin, am nächsten Tag, in der Klinik wahrzunehmen. Sie würde den Arzt kennen und dieser wäre super. Sie bat uns darum, sie auf dem Laufenden zu halten. Man spürte ihr Interesse, ihr Mitgefühl. Eine richtig tolle Ärztin! Sie teilte mir auch mit, dass ich egal was bei dem Ergebnis herauskäme, mich niemand zwingen könne, eine Abtreibung vorzunehmen und dies allein meine Entscheidung sei. Über diesen Satz war ich sehr froh, denn ein Kind wegen einer Behinderung abzutreiben, kam für mich nicht infrage. Ich sehe keinen Grund darin ein Kind, welches lebensfähig ist, nur weil es nicht der Norm entspricht, sein Recht auf ein Leben zu verweigern.

Während wir mit der Ärztin sprachen, klingelte ihr Telefon und sie entschuldigte sich, um ein kurzes Gespräch im Nebenzimmer zu führen. Als sie wiederkam, erzählte sie uns, dass mein Frauenarzt sie anrief. Er sei total echauffiert darüber, dass ich mir eine Zweitmeinung einholen wolle, denn er wäre doch der Beste und so weiter. So ein selbstverliebter Arzt.. ohne Worte.

Vielen lieben Dank an die verständnisvolle Ärztin!!!

Dienstag, 18. September 2012
Chorionzottenbiopsie

Heute Mittag um 14.30 Uhr hatten wir unseren Termin in der Klinik. Noch heute Morgen machte ich mir wahnsinnig viele Gedanken und äußerte auch meinem Schatz die großen Bedenken wegen einer Fruchtwasseruntersuchung. Nicht wegen den Schmerzen sondern der hohen Wahrscheinlichkeit einer Fehlgeburt.

In der Klinik angekommen kamen wir relativ schnell dran. Blöd fanden wir erst einmal, dass mein alter Frauenarzt so prahlte mit dem Oberarzt, der mich persönlich untersuchen würde und dann wurde ich doch nur von einer Ärztin der DEGUM II - Stufe untersucht. Ich kam mit vor als sei ich genauso weit wie am Vortag. Sie sagte uns das Gleiche wie die gestrige Ärztin. Sie erkannte den Herzfehler und stellte große Wasseransammlungen am Kindskörper und im Nackenbereich fest. Was für uns neu war, war die Diagnose, dass unser Kleines einen dicken Bauch habe und sich in den Nieren beidseitig Flüssigkeit stauen würde, eine Niere sei etwas stärker als die andere ausgebildet. Ich sprach die mögliche Herz Op an und uns wurde daraufhin mitgeteilt, dass die Op zwar möglich sei, aber sie nicht glaubt, dass unser Baby in das Alter kommt, um diese Op ermöglichen zu können. Ich machte der Ärztin klar, dass ich nicht einfach mein Schätzchen aufgeben werde und wenn es z. B. das Down-Syndrom habe, dies für mich und meinen Schatz kein Grund für eine Abtreibung sei. Sie wurde menschlicher und verstand, dass ich nicht einfach mein Kind weggebe, auch wenn es schwer krank ist. Ich fing an zu weinen und erklärte ihr "Ich weiß es ist nicht einfach. Alles, was ich mir jetzt noch Wünsche ist, ein lebensfähiges Kind". Sie empfahl mir eine Chorionzottenbiopsie. Eine Fruchtwasseruntersuchung sei bei mir nicht in der 15. SSW möglich. Mein Baby sei noch recht klein und für sein Alter unterentwickelt, sodass dies die einzige Möglichkeit sei. Ich unterschrieb die Papiere und sie suchte den Oberarzt im Haus um die Bilder zu besprechen und den Eingriff vorzunehmen. Sie wollte versuchen noch am selbigen Tag oder am nächsten Morgen die Biopsie vornehmen zu können. Es wurde heute gemacht. Der Arzt schaute sich zuvor nochmals mein Baby auf dem Monitor an. Er war von der Art her wie mein alter Frauenarzt, kühl und abgedroschen. Während er Befunde diktierte und mit der anderen Ärztin sprach, wurde beiläufig sein bevorstehender Urlaub erwähnt, während ich mit einem kranken Kind im Bauch und großen Sorgen nicht weiter beachtet wurde. Ohne Vorwarnung haute er zwei Mal auf meinen Bauch "Das Baby soll sich mal drehen, damit ich mehr sehe". So etwas habe ich noch nicht erlebt. Und so jemand soll Oberarzt sein?!?!? Nach dem Ultraschall fing er an von starkem Herzfehler usw. zu erzählen. Aber man merkte richtig, dass die Ärztin versuchte ihm ins Wort zu fallen, damit er nicht alles so hart formulieren solle, weil dies bereits mein alter Frauenarzt erledigt habe.

Wegen den Schmerzen sagte man mir, dass diese vergleichbar mit einer Blutabnahme seien. Unangenehm sei es, wenn das Gewebe aus meiner Plazenta entnommen werden würde. Hier sei ein Druck zu spüren. Ich habe sehr gelitten, für mich war das nicht vergleichbar mit einer Blutabnahme. Normalerweise bin ich nicht gerade ein Weichei, aber das war richtig schmerzhaft. Durch die Bauchdecke wurde eine etwas dickere Nadel gestochen. Das an sich war zwar unangenehm aber nicht schlimm. Umso tiefer die Nadel ging umso mehr stach es. Das Schlimme war die Gewebeentnahme an sich. Es dauerte etwa 2 Minuten, aber das waren schlimme Schmerzen. Es fühlte sich an als würde man mit einem Messer mehrfach in mich stechen und dann noch herumkratzen. Für den Eingriff bekam ich keine Narkose. Mein armer Schatz hat seine Hand währenddessen zerquetscht bekommen. Zum Glück war er die ganze Zeit für mich da!

Nach dem Eingriff wurde nochmals überprüft, wie es dem Kind geht, ob es sich bewegt und das Herz schlägt. Alles Okay. Ich wurde zwei Tage krankgeschrieben und solle 2 Tage später zur Kontrolle, um zu schauen, ob es dem Baby gut ginge. Das vorläufige Ergebnis sei in 1-3 Tagen da, das endgültige in 10-14 Tagen.

Anschließend bekam ich nochmals Blut abgenommen. Obwohl ich nach alldem erst einmal Wasser trank und wegen meinem Kreislauf ruhig sitzen blieb, brach ich vor dem Aufzug auf dem Weg zum Ausgang zusammen. Es stach wie bei dem Eingriff in meinen Bauch, mir wurde schwarz vor Augen und ich sank zu Boden. Mein Schatz trug mich zurück zu den Schwestern. Ich wurde mit angehobenen Beinen hingelegt. 15 Minuten später starteten wir den nächsten Versuch und dieser gelang uns. Mir wurde ein Infozettel mitgegeben, dass ich die nächsten Tage jegliche körperliche Anstrengung, schweres heben und Sex vermieden werden soll. Ich wusste vorher auch nicht, dass die Chorionzottenbiopsie ein höheres Fehlgeburtsrisiko als die Fruchtwasseruntersuchung mit sich bringt. Die Autofahrt danach war schmerzhaft. Jede Kurve stach seitlich im Bauch. Nach wenigen Stunden fingen starke Bauchkrämpfe an, welche bis über die Nacht hinweg anhielten.

Eine der Krankenschwestern teilte mir auch mit, dass sie mir einen neuen Frauenarzt bzw. Ärztin vermitteln könne, dies solle ich ihr dann am Donnerstag mitteilen, ob ich dies wolle.

Mittwoch, 19. September 2012
Es schmerzt ...

Ich habe gerade die ganzen Babysachen in eine Kommode geräumt. Wir haben die letzten Wochen wirklich viele Sachen gekauft bzw. alles bei Ebay in riesigen Sets ersteigert. Es sind wunderschöne Shirts und Bodys dabei. Der Gedanke daran, dass unser kleiner Engel das alles wohl nie tragen wird, schmerzt. Ich weiß die meiste Kleidung ist hellblau und wir wissen das Geschlecht nicht, aber dennoch dachte ich mir, dass auch ein Mädchen nicht zwangsläufig ausschließlich Rosa tragen müsse.

Neben den seelischen Schmerzen habe ich weiterhin vom gestrigen Eingriff Schmerzen. Heute vor allem ein sehr starkes Ziehen in der Nähe der Mutterbänder. Das Ziehen ist beidseitig und so stark, dass ich bei jeder kleinen Bewegung Schmerzen habe. Vor allem wenn ich mich aufsetzen möchte oder von einer zur anderen Seite drehe. Ich liege viel und schaue TV.

Die letzte Nacht war schlimm. Ich hatte schlimme Bauchkrämpfe und musste viel weinen. Wegen den Schmerzen, aber auch wegen den ganzen Vorkommnissen. Ich fühle mich wie in einem nicht enden wollenden Horrorfilm und wünsche mir ein Happy End, welches wohl nicht kommen wird. Was ich besonders schlimm letzte Nacht fand, war gewesen, dass mein Schatz im Traum immer wieder laut sprach: "Mein Kind, mein Kind." Es nimmt ihn auch so wahnsinnig sehr mit und auch das macht mich unendlich traurig.

Ich habe heute Morgen nach den vielen endlosen schlaflosen Stunden zwei Endschlüsse gefasst. Zum Einen werde ich, egal wie es mit meinem Engel weitergeht, seinen oder ihren Namen und das errechnete Geburtsdatum auf mein Handgelenk tätowieren lassen, zum Anderen habe ich den Endschluss gefasst, diesen Blog zu verfassen. Denn wenn ich nur einer einzigen Frau auf der Welt mit diesem Blog helfen kann, hat sich dieser voll und ganz gelohnt. Ich weiß wie es ist sich durch alle Internet-Foren zu schlagen und zig Berichte über diverse Behinderungen und Befunde der Ärzte zu studieren. Es ist nervenaufreibend und man fühlt sich irgendwie allein in der großen Welt der Medizin. Man findet nichts, was auf einen genau zutrifft, sondern nur Eckpunkte, welche mit den eigenen Verdachtspunkten übereinstimmen.

Ich hoffe, irgendjemanden hiermit helfen zu können. Wir müssen Dinge durchmachen, die sich viele wohl niemals auch nur annähernd vorstellen können, und tragen eine unendlich große Liebe aber auch Angst in uns. Ich hoffe wir können das alles durchstehen.

Ich habe große Angst vor allem, was noch kommt und bevorstehen könnte. Eine Abtreibung, ein Tod des geliebten Kindes, das Treffen einer Entscheidung welche wohl egal wie falsch sein wird. Wie sagte sie Ärztin gestern: "Es gibt hier kein richtig, sondern Sie müssen sich für das entscheiden, was für Sie weniger falsch ist." Was ist mehr falsch? Kann ich eine Entscheidung treffen?

Donnerstag, 20. September 2012
Das vorläufige Klinikergebnis

Heute Morgen war ich wieder mit meinem Schatz in der Klinik. Es wurde die Vitalität des Babys wegen dem Eingriff der Biopsie kontrolliert. Alles Okay. Hatte auch mit dem Arzt gescherzt, dass ich das schon wusste, so aktiv, wie das Kleine sei. Er wunderte sich und fragte nach und dann erklärte ich ihm, dass ich die Bewegungen vom Gummibärchen und auch das Herzchen spüre, wenn ich die Hand auf den Bauch lege. Er war erstaunt, weil die meisten Frauen beim ersten Kind erst ab der 18-20 SSW etwas spüren. Anscheinend kann ich dies bereits jetzt spüren, weil ich sehr schlank bin. Mein Schatz wurde gestern Abend auch zum ersten Mal Zeuge von den Bewegungen, er hat es auch gespürt :). Vor dem Klinikbesuch waren wir nochmals bei meinem alten Frauenarzt, weil wir noch die Überweisung für die Frauenärztin holen mussten. Ich schickte meinen Freund alleine in die Praxis und wartete vor der Tür. Zum Glück, sonst wäre ich vermutlich auf den Arzt los. Mein Schatz berichtete mir, dass der Arzt ihn in sein Besprechungszimmer bat und sich beschwerte, dass wir uns eine Zweitmeinung eingeholt hatten. Er hätte doch seine Diagnose gestellt, habe das beste Ultraschallgerät und sei sowieso der beste, tollste Arzt. Und dann zum krönenden Abschluss riet er meinem Freund erneut einen Abbruch und formte seinen Lieblingssatz: "Sie wollen ein gesundes Kind." Ich hasse diesen Arzt! Was nimmt er sich heraus, um über das Leben meines Kindes und meines bzw. unseres zu entscheiden? Dieser Arzt wird mich höchstens vor Gericht wiedersehen.

Vor wenigen Stunden kam dann der Anruf vom Oberarzt der Klinik. Dieser teilte mit, dass wir ein Mädchen bekommen. Da wir schon vor Wochen die Namenswahl getroffen haben, kann ich jetzt endlich meinen kleinen Engel beim Namen nennen - Alisha. Alisha hat einen Gendefekt. Sie hat das Ulrich-Turner-Syndrom. Ich kann endlich etwas durchatmen. Ich habe die letzten Tage über so viele Behinderungen Berichte gelesen und das ist meiner Meinung nach ein Gendefekt, mit dem man super leben kann. Das Ullrich-Turner-Syndrom können im Normalfall nur Mädchen bekommen, weltweit sind nur ganz wenige männliche Fälle bekannt, dort verhält es sich dann mit der Chromosomenverteilung auch anders. Die betroffenen Mädchen haben anstelle der üblichen zwei X-Chromosomen nur eines. Was ein Mädchen mit dem Ullrich-Turner-Syndrom von gesunden Mädchen unterscheidet? Die Mädchen sind oftmals kleinwüchsig, können aber eine Größe von 1,48 m erreichen, mit einer Hormongabe sind normale Größen einer durchschnittlichen Frau zu erreichen. Da ich selbst nur 1,58 m bin, finde ich dies nicht tragisch. Angeboren sind auch häufig Herzfehler oder Schwerhörigkeit, beides lässt sich meist beheben. Es gibt noch weitere kleine Punkte, aber was für mich der größte Unterschied ist, möchte ich noch ausführen. Und zwar können Mädchen mit dem Ullrich-Turner-Syndrom in den seltensten Fällen eigene Kinder bekommen. Meist ist eine Eizellspende notwendig und die Mädchen benötigen Hormone, damit ihre Periode einsetzt.

Ich freue mich, dass meine Kleine lebensfähig ist. Der Arzt klärte ganz klar auf, dass viele Mädchen während dem Schwangerschaftsverlauf im Mutterleib sterben. Aber was wäre ich für eine Mutter, wenn ich einfach mein Kind aufgeben würde. Ich kämpfe für meine Alisha. Nächste Woche Dienstag möchte uns der Arzt nochmals aufklären usw.

Aber zumindest kann ich die nächsten Tage sicherlich etwas besser schlafen.

Freitag, 21. September 2012
Ein Tag nach der Diagnose Ullrich-Turner-Syndrom

Es ist ein Tag nach der Diagnose Ullrich-Turner-Syndrom vergangen. Unsere Familien reagieren sehr unterschiedlich. Manche sind erleichtert, nachdem ich den Befund genauer erklärt habe, dass es nichts Schlimmes ist. Für manch Andere ist der Befund erschreckend und sie sind für eine Abtreibung. Für mich kommt eine Abtreibung keinesfalls in Betracht. Ich liebe meine Alisha, egal ob sie das Turner-Syndrom hat oder nicht. Für mich ist das Syndrom keine Behinderung. Es ist ein andere Genformung, die nicht der Norm entspricht. Warum muss alles in unserer heutigen Welt der Norm entsprechen? Und warum soll ich Gott spielen, wenn er uns dieses besondere Mädchen schenken möchte? Soll ich ihr das Leben verbieten? Ich glaube an meine Alisha, wir packen das. Wenn sie leben will, und davon bin ich überzeugt, dann wird sie es packen und wir werden zusammen eine glückliche Familie bilden. Wir sind jetzt schon eine kleine Familie. Ich spüre ihre Bewegungen, ihren Herzschlag, habe gespürt, dass sie meine Bauchkrämpfe durch die Chorizottenbiopsie fühlen konnte, denn meine Kleine wurde dann ganz unruhig in meinem Bauch. Auch wenn nicht viele an ein Happy End glauben, ich glaube an uns. Ich glaube an unser Happy End.

Dienstag, 25. September 2012
Kontrolle in der Klinik

Das Herzchen schlägt, mein Kleines bewegt sich munter. Alles kann gut dargestellt werden. Die Harnblase ist sichtbar.. Dennoch sind die Wassereinlagerungen mehr geworden. Der Oberarzt gibt uns keinerlei Hoffnung, rät erneut zur Abtreibung. Doch klar und deutlich sage ich ihm, dass eine Abtreibung für uns nicht zur Debatte steht.

Ich habe ihn auf den operablen Herzfehler angesprochen, ob die Ödeme bei einer Herz Op im Mutterleib weggehen würden. Er sagte die Einlagerungen kämen vermutlich hauptsächlich durch die Behinderung und nicht durch das Herz. Im Nachgang fügte er noch hinzu, dass ich wohl keinen Arzt für solch eine Op finden würde. Die Ärzte würden "gesunde" und keine "behinderten" Kinder operieren.

Noch am gleichen Tag schrieb ich einem Arzt der Uniklinik Bonn. Ich erhielt innerhalb kürzester Zeit die Antwort, dass ich einen Termin in seiner Sprechstunde vereinbaren solle. Wir sind happy, vielleicht würde uns der Arzt helfen?! Ich möchte nichts unversucht lassen, um meine Tochter zu retten. Den Termin habe ich schon in einer Woche. Ich bin gespannt, ob der Arzt bereit für eine Op wäre und was er sagt. Wir müssen 400 km zur Klinik fahren, aber für unsere Alisha würden wir auch bis ans Ende der Welt fahren.

Ich finde es erschreckend, warum manche Frauen ihre Babys abtreiben. Erst gestern lies ich von einer Frau, welche in der 20 SSW erfuhr, dass ihr Kind an einer Hand nicht alle Finger hätte. Die Frau trieb ab, obwohl das Kleine ansonsten genetisch und organisch nichts hatte. Wie kann man das nur machen? Auch Mädchen mit dem Turner-Syndrom werden zu 90 % abgetrieben - ich frage mich warum? Weil die Ärzte einen förmlich drängen? Weil die Eltern glauben, es ist etwas Schlimmes, da sie keine Infos, sondern nur das Wort Behinderung erhalten? Warum hängen sich Eltern nicht an die Hoffnung, dass genau ihre Tochter zu den 2-5 % gehört, die die Schwangerschaft überlebt?

Samstag, 29. September 2012
Notdienst im Krankenhaus - Wehen in der 17. SSW

Nachdem ich seit 14 Uhr Bauchkrämpfe hatte und mich vor lauter Schmerzen schließlich um 22 Uhr übergeben musste, fuhren mein Schatz und ich ins Krankenhaus. Mittags kontrollierte ich auch bei den starken Schmerzen den Herzschlag von Alisha mit dem Angelsounds - er war zwar regelmäßig, aber total schnell. Viel schneller als normal.

Unserer Kleinen geht es soweit gut. Es sieht leider so aus als würden die Wasseransammlungen immer mehr werden. Das Herzchen schlug schön und Alisha bewegte sich fleißig. Wie groß schon ihre Händchen aussehen, einfach der Wahnsinn.

Leider habe ich Wehen. Laut dem Arzt würde sich der Körper langsam gegen die Schwangerschaft wehren, weil er merken würde, dass etwas nicht stimmt. Mensch, mein blöder Körper soll sich nicht wehren. Ich liebe doch meine Alisha. Sie soll gut beschützt in meinem Bauch bleiben. Auf meine Frage hin, was ich gegen die Wehen tun könne, kam nur als Antwort: "Sie können alles nehmen, was Sie mögen. Sie können Ihrem Kind sowieso nicht mehr schaden". Was stellt er sich denn vor? Dass ich jetzt anfange irgendwelche Medikamente zu schlucken? Dann stehe ich das lieber weiter mit Kreislaufzusammenbrüchen und Übelkeit durch. Ich vergifte doch nicht meinen Engel. Nach der Untersuchung hatte ich wieder so eine Schmerzwelle, dass mein Kreislauf zusammengebrochen ist.

Ich frage mich natürlich jetzt, wie lange das noch gut gehen wird. Ich bekomme ja kein Wehenhemmer. Warum geben die alle einfach auf?

Ach, meine kleine Alisha.. Ich liebe dich :*

Dienstag, 2. Oktober 2012
Kleine Wunder geschehen - uns geht es gut :)

Gott sei Dank haben die Wehen endlich aufgehört. Es war wirklich schlimm. Ein paar meiner Freundinnen schrieben so Sachen wie "Jede Wehe bringt dich deinem Kind näher".. stimmt natürlich, aber das ist in der 17. Woche absolut kein schöner Gedanke. Denn ich möchte meine Tochter nicht tot im Arm halten, sondern quietschlebendig und putzmunter und das bitte erst in 23 Wochen.

Gestern war ich bei meiner neuen Frauenärztin. Sie ist sehr nett und einfühlsam. Auch sie fragte mich mehrfach, ob ich meiner Entscheidung bewusst bin und dass ich womöglich meine kleine Alisha noch einige Wochen in meinem Bauch trage und sie dann doch sterben könnte. Aber ich gab ihr ganz bestimmt die Antwort, dass ich meine Tochter nicht aufgeben werde.

Die Ärztin machte Ultraschall und gleich zu Beginn, noch bevor wir das Herzchen schlagen sehen konnten, bewegte sie sich fleißig. Sie hob ihre Hände und zappelte total süß mit ihren Füßchen. Alishas Wasseransammlungen sind unverändert geblieben. Hätten sich weder verschlimmert noch gebessert. Aber wie auch der Arzt am Wochenende, konnte die Frauenärztin den Herzfehler nicht erkennen. Sie ließ auch alles mit den Farben darstellen. Ich weiß, dass man immer viel rot sah, aber wenig blau. Dieses Mal sah man beide Farben klar und deutlich. Ich bin natürlich keine Ärztin, aber langsam glaube ich, dass auch ich etwas in Ultraschall-Bildern lesen kann. Alishas Herzschlag war schön gleichmäßig, wie ich auch regelmäßig mit dem Angelsounds kontrolliere. Noch dazu kam es mir so vor, dass nicht wie zuvor nur eine Herzkammer arbeitet, sondern die zweite Herzkammer von der Größe zugenommen hätte und das Blut auch in diese Kammer gepumpt wird. Ich hoffe insgeheim, dass sich der Herzfehler vielleicht verwachsen könnte oder bereits hat.

Zum Schluss habe ich von der Ärztin ein sehr schönes Ultraschall-Bild bekommen. Meine süße Maus griff sich in dem Moment gerade an die Nase. Ich liebe das Bild.

Gestern sollte eigentlich der Termin in der Fetalchirurgie in der Bonner Klinik stattfinden. Diesen musste ich aber absagen, weil es mir noch nicht gut ging mit den Wehen. Aber sie haben mir schon angeboten, dass ich jederzeit einen neuen Termin ausmachen dürfte. Das finde ich super. Den nächsten Termin bei meiner neuen Frauenärztin habe ich in 10 Tagen. Es wurden jetzt kleinere Kontrollabstände ausgemacht. Am Freitag habe ich einen Termin in einer psychologischen Beratungsstelle, hierzu rieten mir einige der Ärzte in der Klinik und wer weiß, vielleicht ist es eine gute Möglichkeit um einfach mit jemanden zu reden, der unbeteiligt ist. Ich bin gespannt und werde offen zu dem Termin gehen. Ich hoffe und bete weiter für meine Alisha!

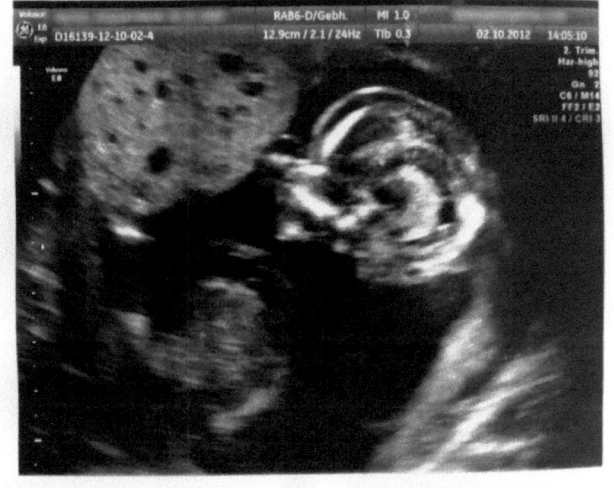

Freitag, 12. Oktober 2012
Kontrolluntersuchung.. Wenig Fruchtwasser, alles doof!

Ich hatte wie jedes Mal Angst vor der Ultraschalluntersuchung. Stellte mir die Fragen: Wie geht es meiner Kleinen? Sind die Wasseransammlungen zurückgegangen? Schlägt ihr Herz fleißig? Ist sie gewachsen? Wie findet sie wohl die Untersuchungen? Spürt sie meine Angst? Meinen schnellen Herzschlag? Ich wurde aufgerufen und durfte mich sogleich hinlegen und den Bauch freimachen. Nach wenigen Sekunden sagte die Ärztin, dass nur wenig Fruchtwasser vorhanden sei und fragte, ob mir ein Abgang von Flüssigkeit aufgefallen ist. Ich verneinte. Sofort wurde ein Schnelltest gemacht wegen eines möglichen Blasensprunges. Hierfür wurde mit einem Wattestäbchen Sekret von der Scheide gestrichen. Nach wenigen Minuten lag das Ergebnis vor, dass ich keinen Blasensprung hatte. Auch der Muttermund ist weiterhin verschlossen.

Danach wurde noch weiter Ultraschall gemacht. Alisha wurde ausgemessen und entsprach der Entwicklung von etwa der 16. Schwangerschaftswoche. Ich befinde mich heute in der 18. SSW, 17 + 5. Typisch für einen möglichen Kleinwuchs ist somit mein kleiner Schatz etwas zu klein. Alisha weist weiterhin die Wasseransammlungen auf. Zum ersten Mal fielen mir die Ödeme auch um das Herz meiner Kleinen auf.

Ich bin unendlich traurig. Ich hatte doch so sehr gehofft, dass es bergauf geht und meine süße Maus das alles packt und jetzt muss sie noch mehr, wegen diesen blöden Wasseransammlungen, kämpfen und dann wird auch noch das Fruchtwasser weniger.

Warum kann es nicht ein großes Wunder geben und meiner Kleinen geht es besser? Ich liebe meinen Engel und will doch nur das Beste für sie.

Wie viele Frauen auf der Welt wollen keine Kinder, werden ungewollt schwanger und treiben dann ab? Ich liebe Alisha und will sie glücklich und gesund in meinem Arm halten. Ich würde alles auf der Welt dafür tun, dass sie ein schönes Leben führen kann - dass sie leben kann.

In zwei Wochen habe ich den nächsten Untersuchungstermin. Des Weiteren habe ich von der Ärztin noch eine Broschüre erhalten, damit ich einen Termin mit einer Dipl. Sozialarbeiterin ausmache. Wenn ich das Deckblatt der Broschüre lese, stimmt mich dies erst recht traurig: "psychosoziale Beratung und Begleitung für Mütter und Väter, die ihr Kind durch Totgeburt, Fehlgeburt oder durch einen Schwangerschaftsabbruch verloren haben".

Ich weiß nicht was ich denken und fühlen soll. Die letzten Tage ging es mir soweit gut. Mein Schatz hat sogar tolle Babyschuhe gekauft. Ich will die Schwangerschaft und jeden Tag mit Alisha genießen, aber manchmal fällt es mir sehr schwer.

Ich liebe dich Alisha :* du bist meine Prinzessin!

Sonntag, 14. Oktober 2012

Die erste Milch, Vormilch 19. SSW

Heute bin ich in der 19. Schwangerschaftswoche und habe festgestellt, dass ich die erste Milch verliere. Auch wenn es meiner Süßen nicht so super geht, mein Körper richtet sich komplett auf das Leben nach der Geburt ein.

Ich hätte nie erwartet, dass das jetzt schon passiert mit der Vormilch. Ich hatte mich damit noch überhaupt nicht befasst. Morgen kaufe ich dann mal Stilleinlagen, bevor es noch mehr wird ;). Heute Morgen hatte Alisha einen sehr schönen kräftigen schnellen Herzschlag. Habe es mit dem Angelsounds angehört.

Hier ist noch ein Bild von den Kleidungsstücken, welche ich diese Woche für Alisha kaufte :). Die Sachen sind alle so süß! Gestern habe ich die deprimierte Phase genutzt und Tattoovorlagen gemalt. Die eine Vorlage sieht schon sehr gut aus. Egal wie es ausgeht, Alisha ist für immer meine Tochter und das kann und soll auch jeder wissen. Ich liebe sie über alles!

Freitag, 19. Oktober 2012

Aufgewacht.. Was ist mit Alisha?

Ich hatte meine kleine Prinzessin noch vor wenigen Stunden kräftig in meinem Bauch gespürt. Ich habe mir ihr vor dem Einschlafen geredet, wie stolz ich auf sie bin. Dass ich sie über alles auf der Welt liebe und dass sie für mich ein Geschenk Gottes ist und sie für mich absolut perfekt ist. Ich hatte plötzlich ein Stechen im Bauch und bin aufgewacht. Mir rollten Tränen übers Gesicht. Ich griff an meinen Bauch und instinktiv hatte ich im Gefühl Alisha lebt nicht mehr. Ich holte mein Angelsounds, packte es aus und fing an nach dem Herzschlag zu suchen. Ich habe ihn nicht gefunden, egal wie lange ich suchte. Gestern Morgen war noch alles Okay. Der Herzschlag war kräftig und gleichmäßig. Noch vor wenigen Stunden habe ich sie doch gespürt. Alisha, was ist mit dir? Bist du wirklich zu den Engeln gegangen? Bitte nicht ... Ich liebe dich doch so sehr und Wünsche mir nichts mehr, als dich bei mir zu haben. Was soll ich jetzt tun? Wo bist du Alisha? Ich liebe dich meine Maus!

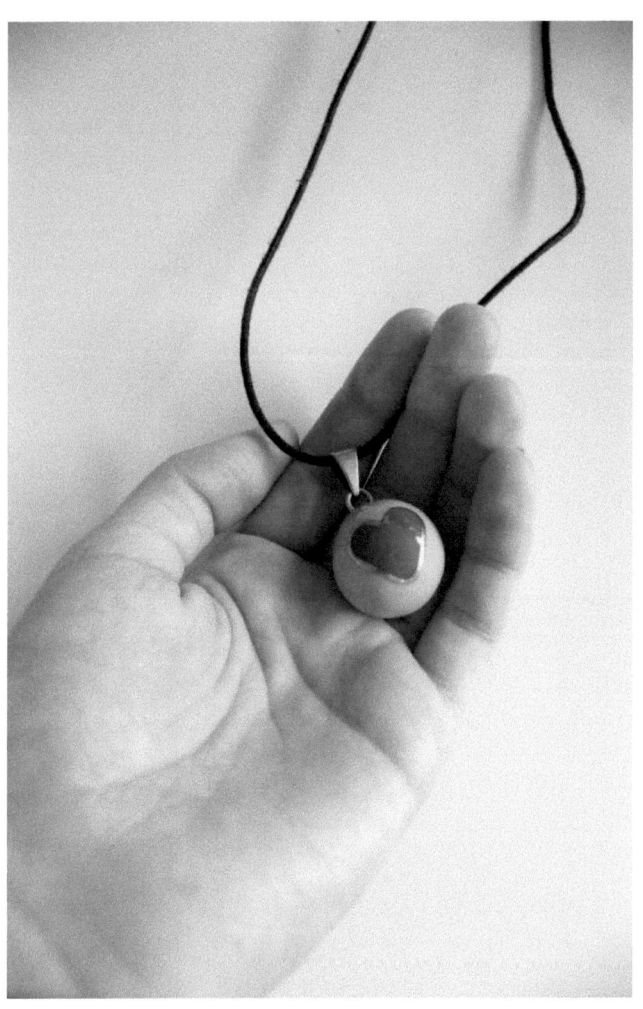

Ich vermisse dich so sehr Alisha

Ich weiß du bist noch in meinem Bauch, aber ich spüre dich nicht. Ich weine und weine, denn ich vermisse deine Purzelbäume in meinem Bauch, deine vielen schönen Bewegungen.

Ich habe gerade die Notiz in meinem Handy gefunden, welche ich gespeichert hatte, bevor ich einschlief. Meine wohl letzten Gedanken an dich, welche für ein dich geschriebenes Lied dienen sollten. Meine wohl letzten Gedanken, bevor du zu den Engeln bist. Diese Worte stimmen so sehr! Ich liebe dich unbeschreiblich sehr meine kleine Prinzessin im Himmel, es ist so traurig, dass du deinen Papa und mich verlassen musstest. Dein Start in ein Leben war sehr schwer und steinig, es war zu hart gewesen und du konntest die großen Belastungen einfach nicht überwältigen. Es tut mir so weh, dass es dir verwehrt wurde, auf der Erde vorbeizuschauen. Jetzt im Himmel darfst du leicht mit deinen Flügelchen und mit viel Freude umhertollen mit ganz vielen anderen Sternenkindern spielen. Aber vergiss nie, der Papa und ich werden dich niemals vergessen, niemals aus unseren Herzen lassen und wir werden dich für immer und ewig lieben!!!

Mein Sternenkind und zauberhafter Engel Alisha 19. SSW

Ich liege im Krankenhaus. Meine Vorahnung hatte sich leider bestätigt. Meine kleine Prinzessin ist letzte Nacht verstorben. Ich fühle mich wie taub, der Tag, die Stunden.. Alles zieht vorbei und fühlt sich an als würde ich dies alles gar nicht erleben. Ich habe ein Einzelzimmer, mein Schatz ist für mich da und ich bekam auch lieben Besuch von meinem Dad und meinen Schwiegereltern. Mit meiner Mom habe ich viel telefoniert.

Ich bekam heute zwei Zäpfchen, welche die Wehen auslösen sollen für die bevorstehende Stille Geburt. Das erste Zäpfchen war sehr schmerzhaft bzw. die ersten Veränderungen, welche hierdurch erwirkt wurden. Ich bekam dann zum Glück Schmerzmittel. Vor lauter Schmerzen war es mir nicht einmal mehr möglich, meine Beine zu bewegen.

Nach dem zweiten Zäpfchen, welches ich vor 2 Stunden bekam, habe ich jetzt richtige Wehen in etwa 10 Minuten Abständen. Es ist schmerzhaft aber noch halte ich es irgendwie aus.

Die Seelsorgerin war auch da gewesen und ich fand dies sehr lieb von ihr. Sie hat mich in meinem Wunsch bestärkt eine Geburtsurkunde für meine kleine Alisha ausstellen zu lassen und möchte meinem Schatz und mir hierfür zur Verfügung stehen. Erst seit wenigen Monaten ist dies möglich. Zuvor war es nur möglich, eine Geburtsurkunde für Totgeborene, ab einem Gewicht von 500 g, zu erhalten. Ich finde den Gedanken meine Kleine als quasi Mensch auf dem Papier zu sehen schön. Für mich ist sie ein Mensch, für das Gesetz leider nicht. In dem Forum, in dem ich die letzten Monate so fleißig schrieb, herrscht große Betroffenheit. Es ist wundervoll, dass Menschen, welche einen nicht persönlich kennen, doch so liebevolle Worte finden und diese große Anteilnahme zeigen. Meine lieben Mädels: ich habe euch und eure Schätze sehr lieb!

Alisha ich liebe dich meine wundervolle Prinzessin, mein hellster Stern am Himmel :*

Samstag, 20. Oktober 2012
Alisha ist auf der Welt

Um 14:45 Uhr brachte ich meine Prinzessin auf die Erde. Die Stunden zuvor waren sehr schmerzhaft. Ich lag 26 Stunden in den Wehen und musste mich in der Zwischenzeit vier Mal übergeben. Auch die Schmerzmittel zeigten ab 12 Uhr keinerlei Wirkung mehr. Ich stöhnte und seufzte und schrie zum Schluss vor Schmerzen. Ich hatte während der Wehen das Verlangen aufs Klo zu gehen. Ich ging, aber stellte schlagartig fest, dass meine Alisha auf dem Weg war. Schnell packte ich ein Handtuch aus dem Bad, warf es aufs Bett, zog meine Hose aus und klingelte nach der Schwester. Sie schaute kurz nach und meinte es würde noch dauern, aber ich drängte sie die Ärztin zu holen, weil ich einfach spürte, dass meine Prinzessin in wenigen Sekunden auf die Welt käme. Sie holte die Ärztin, und als sie wieder da war, war auch schon der Mutterkuchen da. Es kam eine andere Schwester und sie meinte, ich solle pressen, sobald die nächste Wehe käme. Es kam aber keine mehr. Ich hatte keinerlei Schmerzen mehr. Dann starteten wir den Versuch. Sie drückte kurz und leicht auf meinen Bauch und ich versuchte zu pressen. Und dann war meine Alisha sofort da. Die Ärztin kam dann auch und untersuchte mich. Auch nochmals mit einem mobilen Ultraschallgerät. Es waren noch Reste in meinem Körper, sodass eine Ausschabung die nächste Stunde erfolgen solle. Alishas Fruchtblase platzte während der Geburt nicht, sodass ich sie in der Fruchtblase zur Welt brachte. Die Krankenschwester bot mir an die Kleine rauszuholen aus der Fruchtblase und schick zu machen. Dann dürfte ich sie nach der Ausschabung sehen. Das Angebot nahm ich natürlich liebend gerne an. Ich möchte sie unbedingt sehen.

Die süßeste Prinzessin auf der Welt

Und ganz nach dem Papa :)! Nachdem ich die Ausschabung unter Vollnarkose hinter mich brachte, kam ich wieder auf mein Zimmer. Ich war noch etwas benommen, aber das hat sich schnell gelegt. Schmerzen habe ich keine. Gerade eben hatte ich dann endlich meine kleine Prinzessin bei mir. Sie hat so ein hübsches Gesicht. Der Mund, die Augen und auch die Nase, irgendwie ganz der Papa :). Ich hatte sie lange bei mir und konnte mich so schön von ihr verabschieden. Sie lag in einem Körbchen, in einem rosa Schlafsack und Blätter lagen neben ihr. Ich bin wahnsinnig froh, dass ich sie so lange bei mir haben durfte. Ich konnte sie im Arm halten und ganz genau betrachten. Mein Gott ist sie hübsch! Ich wollte noch gerne Fuß- oder Handabdrücke haben, aber die Krankenschwester hat dies bisher nicht geschafft. Durch die Wasseransammlungen am Körper funktioniert das leider nicht so. Aber sie möchte es morgen früh nochmals probieren.

Ich liebe dich Alisha :*

Sonntag, 21. Oktober 2012
Entlassung aus dem Krankenhaus

Nach einer schlaflosen Nacht durfte ich heute nach Hause. Mein Schatz holte mich ab. Ich spürte sofort, als ich ihn sah, wie sehr ihn das alles auch mitnahm. Er wurde nochmals gefragt, ob er unsere Maus sehen wolle, aber er brachte es einfach nicht übers Herz. Er war hin- und hergerissen. Ich sagte ihm aber, dass er sich keine Gedanken machen braucht. Wenn er irgendwann das Verlangen spürt, sie sehen zu wollen, kann ich ihm die Fotos zeigen.

Heute Morgen hatte ich sehr starken Milchfluss. Ich durfte dann auch die erste Abstilltablette nehmen. Die Blutungen wegen der Geburt und Ausschabung halten sich in Grenzen, ab und an zieht es etwas im Bauch, aber dies ist nicht weiter dramatisch.

Ich schaue mir die ganze Zeit die Bilder von meiner Kleinen an, sie ist einfach so hübsch.

Ich ärgerte mich sehr über die Krankenschwester. Noch gestern Abend bat ich die Ärztin darum mir etwas auszustellen, dass ich ein kleines Mädchen geboren habe, damit ich keine Probleme bei der mir gewünschten Geburtsurkunde haben werde. Sie meinte, dies sei kein Problem und es würde mir erstellt werden.

Als ich die Krankenschwester vor meiner Entlassung darauf ansprach, wurde sie pampig und schließlich richtig frech und verletzend. Ich erklärte ihr von dem neuen Gesetz, dass auch Kinder unter 500 g auf Wunsch der Eltern eine Geburtsurkunde erhalten können. Sie blieb auf ihrer Meinung fest bestehen und stellte mich als Verrückte dar. Ich erzählte ihr von meiner Seelsorgerin, und dass sie mit ihr Morgen das besprechen könne. Sie kennt das neue Gesetz und hatte meinen Freund und mich hierüber am Freitag aufgeklärt. Die Krankenschwester haute dann tatsächlich so Sprüche raus, dass ich ja gar keine richtige Geburt hatte, weil mein Kind unter 500 g wog und noch dazu wäre meine Alisha ja gar kein Mensch gewesen. Ich lag 26 Stunden in den Wehen und habe quasi die Geburt alleine ohne Unterstützung durchgestanden und dann sagt die mir tatsächlich ich hätte keine Geburt gehabt. Und ein Menschenleben an einem Gewicht festzumachen und so über Alisha zu sprechen ist furchtbar. Das darf man einfach nicht. Ich hoffe sehr, dass uns morgen die Seelsorgerin helfen kann, damit wir wirklich unsere Wunsch-Geburtsurkunde erhalten. Das wäre sehr schön!

Es war schön nach Hause zu dürfen und dennoch komisch, diesen Weg, ohne meine Prinzessin machen zu müssen. Ich habe heute eine Kerze mit Apfelduft für sie angezündet, weil ich in der Schwangerschaft so gerne Äpfel aß. Leider so mit ganz leeren Händen ohne irgendwas nach Hause zu gehen, war scheiße. Es fühlt sich so an als hätte es Alisha nie gegeben. Ich hoffe, ich bekomme, wie es gesagt wurde, in ein paar Tagen etwas Schönes. Wo mit viel Glück sogar die Fußabdrücke drauf sind und die von der Krankenschwester gemachten Fotos und die Gewichts- und Größenangabe. Ich habe gar nichts und das fühlt sich so schrecklich an. Ich hatte Alisha zwar in meinen Händen, aber ich kann nicht die Größe und das Gewicht schätzen.

Hoffentlich wird alles irgendwie gut. Wir vermissen und lieben dich Alisha. Der Papa denkt auch ganz viel an dich, auch wenn er nur selten seine. Gefühlen freien Lauf lässt. Aber man merkt ihm seine Trauer sehr stark an. Das macht mich auch traurig, aber zusammen versuchen wir den Schmerz, zu bewältigen.

Unsere Süße, ich hoffe du findest schnell gefallen am Himmel und findest viele Freunde. Wir lieben dich unendlich! Deine Mama und dein Papa

Die Zeit kann nicht meine Wunden heilen ...

Ich vermisse meine geliebte Tochter. Warum hatte sie das Recht zu leben verwehrt bekommen? Warum wurde uns eine gemeinsame Zeit als Mutter und Tochter verwehrt und für meinen Freund die Zeit als Papa und Tochter? Wir vergießen Tausende Tränen, doch keine Einzige kann dich uns zurückholen.

Im Moment geht es mir sehr schlecht. Neben den höllischen seelischen Schmerzen, kommen die körperlichen Dinge hinzu, welche in die Welt zu schreien scheinen: Du bist nicht mehr schwanger. Der starke Milcheinschuss, die Blutungen nach der Geburt. Heute kann ich mich kaum auf den Beinen halten. Ich habe über Nacht sehr stark Blut verloren, obwohl ich hiervon gestern verschont blieb und bereits dachte, dass die Blutungen ruckizucki vorbei sein müssten. Da hatte ich mich wohl geirrt.

Im Internet schaue ich nach Gedenksteinen für unsere Prinzessin. Sie hat etwas Schönes von ihren Eltern auf dem Sternenkinderfriedhof verdient. Ich möchte auch noch gerne eine Kerze für sie basteln. Ich will einfach irgendwie zeigen, wie wichtig sie für uns war und dass sie etwas ganz besonderes und nicht nur ein kleines Wesen war. Sie war und ist für immer unsere zauberhafte Tochter Alisha.

Wir lieben dich Prinzessin für immer und ewig!

Montag, 22. Oktober 2012
Herzschlag von unserer Prinzessin Alisha

Ich wollte dies schon die ganze Zeit machen. Jetzt habe ich endlich den kleinen Videoclip fertig mit Alishas Herzschlag. Diese Aufnahme entstand am 24. September 2012. Wie oft habe ich mir ihren Herzschlag mit dem Angelsounds angehört, weil ich ihn so schön fand und jetzt kann ich ihn nie wieder hören. Es zerreißt mein Herz. Umso glücklicher bin ich über diese Aufnahme. So werde ich auch den Klang ihres Herzschlages niemals vergessen.

Heute war ich auch mit meinem Freund auf dem Sternenkinder-Friedhof, auf dem unsere Alisha beerdigt wird. Irgendwie sieht es echt schön aus, gleichzeitig bereitet solch ein Anblick Herzschmerzen, wenn man an die vielen traurigen Eltern und die wundervollen Sternenkinder denkt. Ich möchte für meine Prinzessin ein ganz schönes Andenken basteln. Sodass sie nicht nur "anonym" bleibt, sondern jeder ihren Namen lesen kann.

Vor unserem Besuch auf dem Friedhof waren wir bei meiner Frauenärztin, weil meine Blutungen sehr stark geworden sind und ich weiterhin viel Milch verliere und von daher mehr Tabletten zum Abstillen benötige. Mein Kreislauf ist auch total am Ende, sodass mich gerade nochmals die Ärztin anrief, dass sie mir noch ein Rezept zuschickt, damit es mir bald besser geht. Ihr lagen jetzt schon die Ergebnisse von dem heutigen Bluttest vor, welche sehr schlecht ausfielen. Kein Wunder, dass es mir also heute so schlecht geht.

Des Weiteren waren wir auch noch in der Klinik und ich bekam Hand- und Fußabdrücke von unserer Prinzessin. Ich bin so froh darüber, dass ich diese jetzt bekommen habe. Es ist zwar furchtbar traurig Alishas Abdrücke zu sehen und doch ist es traumhaft schön. Die Fotos, welche erstellt wurden, kann ich vermutlich nächste Woche abholen.

Auch hatte ich ein Gespräch mit meiner Seelsorgerin. Laut ihrer Aussage würde ich auf jeden Fall eine Geburtsurkunde für Alisha bekommen und sie hätte alles geklärt und in die Wege geleitet. Leider teilte uns die Hexen-Krankenschwester genau das Gegenteil mit. Dass Alisha kein Mensch gewesen sei und wir keine Urkunde bekämen und meine Seelsorgerin absoluten Schwachsinn erzählen würde. Warum können die diese Bürokratie nicht einfach mal vergessen und mir helfen, indem sie einfach eine Geburtsurkunde ausstellen? Das ist vermutlich für das Personal eine Sache von 5 Minuten, aber für mich ist es lebenslang.

Alisha, unser wundervoller Schatz, wir lieben dich ganz doll!

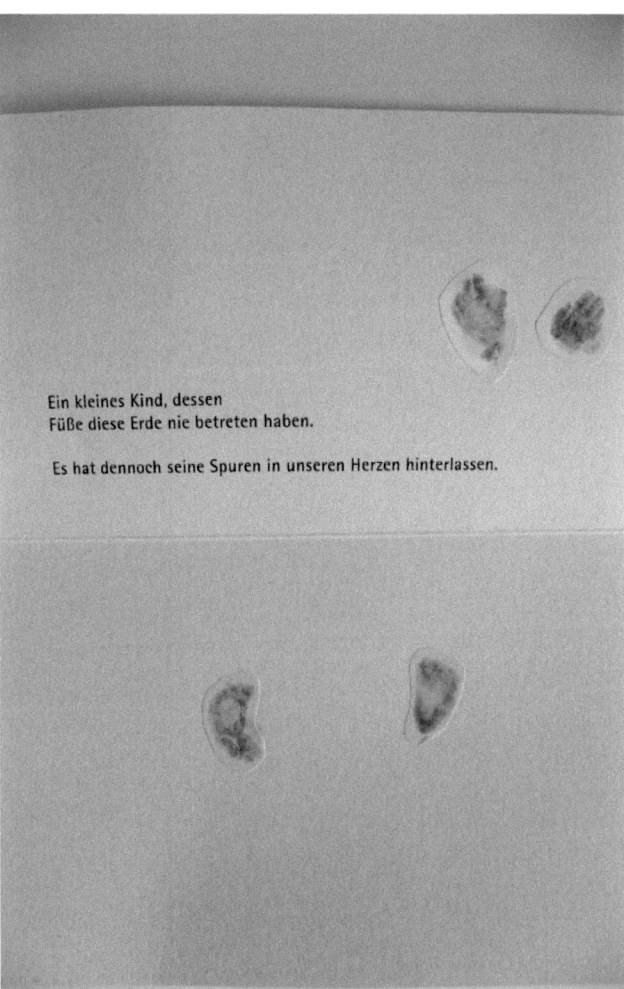

Ein kleines Kind, dessen
Füße diese Erde nie betreten haben.

Es hat dennoch seine Spuren in unseren Herzen hinterlassen.

Mittwoch, 24. Oktober 2012
Die Zeit blieb stehen

Die Tage vergehen, es vergeht keine Sekunde in der ich nicht an dich denke meine kleine Prinzessin. Es ist nichts, wie es mal war. Ich habe mir wieder viele Gedanken gemacht. Ich möchte eine schöne Ecke im Wohnzimmer für dich einrichten und ich möchte, dass dein Grab schön wird. Ich habe mir heute Laternen angeschaut. Mir fehlt bisher auf dem Sternenkinder-Grab einfach Licht. Es standen kaum Kerzen ect dort. Ich möchte für dich viele Kerzen anzünden. Auch habe ich mir Wandtattoos für Zuhause angeschaut. Deine Ecke muss einfach superschön werden. Gestern habe ich eine Kiste gebastelt, in der ich alle unsere Erinnerungen eingepackt habe. Die Hello Kitty Schuhe, in denen du deine ersten Schritte gehen solltest. Die Lätzchen, welche deine Tante aus Neuseeland zu uns schickte, die Ultraschallfotos, wo ich deine Entwicklung beobachten konnte und das Handtuch, auf dem ich dich zur Welt brachte. Beim Dekorieren der Kiste weinte ich viel und Papa hat mich versucht zu trösten. Ich will dir zeigen, wie sehr ich dich liebe und vermisse und deshalb werde ich versuchen viel zu unternehmen, woran man meine liebe zu dir erkennen kann. Auf dem Friedhof fände ich einen großen Stein toll. An dem Stein sollten mehrere Haken sein und dass auf Wunsch an diese Haken Metallsterne mit eingraviertem Namen gehängt werden. Das werde ich meiner Seelsorgerin vorschlagen, weil sie meinte, dort Würde etwas fehlen.

Ich hoffe dir geht es gut und du spürst für immer meine unendliche Liebe zu dir! Mama liebt dich Alisha :*

Donnerstag, 25. Oktober 2012
Eine ewig lange Woche

Vor einer Woche spürte ich um etwa diese Zeit deine letzten Bewegungen. Du warst wieder sehr aktiv und ich habe dir noch eine gute Nacht gewünscht. Ich quatschte mit dir und sagte, wie sehr ich dich liebe und wie stolz ich auf dich, meine geliebte Tochter, bin. Ich vermisse deine Bewegungen so sehr, ich vermisse dich so sehr!!! Wenn ich irgendwas hätte tun können, um dein Leben zu retten, ich hätte alles getan! Ich hätte mein Leben für Deines gegeben! Ein Leben ohne dich leben zu müssen ist so eine schreckliche Vorstellung. Ich schaue so gerne die Bilder von dir an, du bist das Hübscheste was ich je gesehen habe. Wie gerne würde ich einschlafen und aus diesem bösen Traum endlich wieder aufwachen. Warum kann ich nicht bei dir sein?

Mittlerweile habe ich schon 3 Kilo bzw. 7 cm Bauchumfang abgenommen. Ich sehe so unschwanger aus. Es zerbricht mein Herz. Alisha, ich will dich zurück!!!

Ich liebe dich über alles meine kleine Prinzessin :*

P.s. Die Konzerttickets für das Wochenende sind endlich verkauft, mit dem Erlös komme ich meinem Tattoo für dich endlich näher.

Samstag, 27. Oktober 2012
Guten morgen meine Prinzessin

Jetzt ist es schon eine Woche her, es vergeht keine Sekunde, in der ich nicht an dich denke. Mama vermisst dich richtig doll. Weißt du, wo ich gerade sitze? - Im Tattoo Studio, in etwa einer Stunde komme ich dran. Dann wird dein Name und der errechnete Entbindungstermin auf meinem Handgelenk tätowiert und ein Rosenkranz um meinen Fuß herum. Erst wollte ich alles zusammen um das Handgelenk stechen lassen, aber ich glaube das wird zu überladen. So lasse ich alles auf der linken Körperseite, der Herzseite stechen. Als Zeichen wie sehr wir zueinander gehören und wie verbunden wir uns immer sein werden. Du bist und bleibst für immer meine Tochter! Ich liebe dich über alles meine Prinzessin und werde dich nie vergessen :***

Meine zwei Tattoos für Alisha

Meine zwei Wunsch-Tattoos für Alisha sind fertig. Ihren Namen und der errechnete Entbindungstermin am Unterarm und am Fuß einen Rosenkranz. Bin jetzt sehr glücklich darum, dass ich jetzt meine Prinzessin auf meinem Körper verewigt habe. Das hat sie absolut verdient. Sie hat alles Glück der Welt und meine unendliche Liebe verdient.

Leider geht es mir aber körperlich nicht so gut. Habe plötzlich sehr starke Blutungen bekommen und Blut- und Gewebemasse löste sich ab. Weil mir das alles nicht geheuer vorkam, fuhren wir ins Krankenhaus. Hier bekam ich eine Spritze und dann wurde mir mitgeteilt, dass ich bis heute Abend warten solle und wenn es nicht besser werden würde, dann müsste ich wieder kommen und bräuchte eine zweite Ausschabung. Ich hoffe es mal nicht. Ich finde es so wundervoll, wie sehr mich mein Schatz unterstützt und mich überall hin begleitet. Vorgestern Abend gab er mir sogar sein gewonnenes Geld, damit ich meine Tattoos für Alisha so kurzfristig stechen lassen konnte. Ich habe den besten Mann auf der Welt an meiner Seite! Ich liebe dich mein Traummann :*!

Auch wenn die körperlichen Schwierigkeiten unschön sind, die Hauptsache ist, ich habe meine geliebte Tochter fest in meinem Herzen. Ich liebe dich mehr als alles andere auf der Welt meine Prinzessin :*

Sonntag, 28. Oktober 2012
Gedenkgottesdienst im Krankenhaus

Gerade eben waren wir im Gedenkgottesdienst im Krankenhaus für unsere Prinzessin. Leider war es nicht so schön wie erwartet. Ich hatte vielleicht auch zu viel erwartet. Ich dachte zum Einen dieser Gedenkgottesdienst sei nur an Eltern von Sternenkindern gerichtet und zum Anderen nahm ich an, dass man "mehr" einbezogen wird.

Zu Beginn des Gottesdienstes begrüßte uns die Seelsorgerin des Krankenhauses und gab jedem die Hand. Es wurden schöne Geschichten und Sprüche aufgesagt, welche zum Denken anregten und mich zum Weinen brachten. All dies wurde mit dem Thema Herbst in Verbindung gebracht. Am Altar stand eine Tafel mit Blättern und hierauf standen die Namen der Verstorbenen.

Leider war meine Trauer mit dem ersten Orgelspiel vorbei, weil die Töne des Liedes einfach total krumm gespielt wurden. Es wurden Namen von den Verstorbenen vorgelesen. Sicherlich vergingen 10-15 Minuten, bis alle Namen der Verstorbenen des vergangenen Jahres vorgelesen wurden. Bei uns wurde aber nicht der Name von Alisha in dem Sinn vorgelesen, sondern nur gesagt: „Kind von Familie ....". Das hat mich geärgert, weil meine Prinzessin einen Namen hat und so auch genannt werden soll. Letztlich waren wir irgendwie froh, als der Gottesdienst vorbei war. Es waren ca. 50 Personen dort gewesen. Ich hätte es schöner gefunden, wenn nur von den anwesenden Personen die Namen der verstorbenen Angehörigen namentlich vorgetragen worden wären. In zwei Wochen ist nochmals ein evangelischer Gottesdienst explizit für Sternenkinder. Dieser soll laut Erfahrungsberichten sehr schön sein, wir freuen uns darauf und hoffen, dieser wird für uns schöner.

Vom Körperlichen her geht es mir weiterhin nicht so gut. Die Blutungen sind kaum vorhanden, allerdings habe ich heute den gesamten Tag relativ starke Bauchschmerzen. Ich warte weiter ab und hoffe auf eine Besserung - ich möchte keine zweite Ausschabung und nicht schon wieder ins Krankenhaus möchte.

Meine geliebte Tochter vermisse ich so sehr. Es ist jetzt eine Woche und ein Tag her, als sie geboren wurde. Ich habe immer wieder die Bilder im Kopf, wie schlimm diese Geburt für mich war. Wie schlimm es für mich war, dass ich allein war und das irgendwie allein durchstehen musste. Ich schaue mir alle paar Stunden die Bilder von Alisha an. Sie ist so wunderhübsch. Ich hätte sie so gerne wieder in meinen Armen. Ich würde sie am Liebsten nie loslassen. Täglich singe ich das Lied, welches ich vor wenigen Tagen für sie geschrieben habe. Vielleicht müsste ich dieses Mal richtig aufnehmen lassen. Damit dieses Lied nie in Vergessenheit gerät. Denn es ist das Lied für die wundervollste Tochter auf der Welt, die man sich vorstellen kann. Für meine Tochter Alisha.

Alisha wir lieben dich und denken immerzu an dich unsere Prinzessin :*

Montag, 29. Oktober 2012
Abschied aus dem Forum

Die vergangenen Monate schrieb ich in einem Forum. Es machte sehr viel Spaß und ich fand Zuspruch. Die Mädels im Forum sprachen mir viel Mut zu, begleiteten mich durch die schöne, aber auch schwere Zeit. Es fühlte sich richtig toll an mit Frauen zu schreiben, welche das "gleiche" wie man selbst durchmachen. Natürlich mit nicht ganz so vielen Problemen, aber mit den gleichen normalen Schwangerschaftsfragen. Den gleichen Gelüsten und Problemen. Es war wunderschön. Auch nach dem Tod meiner Prinzessin schrieb ich weiterhin mit, es gefiel mir, darüber zu reden. Jetzt habe ich den Entschluss gefasst, den Thread zu verlassen. Ich sitze gerade heulend auf meiner Couch. Es ist ein weiterer Abschied. Aber es ist wohl besser so. Ich möchte, dass die wundervollen liebenswerten Frauen weiterhin ihre Kugelzeit genießen und sich auf ihre Schätze ohne zusätzliche Ängste und Sorgen freuen. Und schließlich kommt auch irgendwann der März, wo alle Frauen aus dem Forum ihre gesunden und wunderschönen Kinder entbinden und nur bei mir wird das nie passieren.

Wie gerne wäre ich weiterhin in dem Thread dabei, wie gerne hätte ich meine Prinzessin weiterhin im Bauch und wie gerne hätte ich eine normale Schwangerschaft mit einem Happy End gehabt. Aber das wird nie passieren.

Ich wünsche allen Mädels aus meinem Thread von ganzem Herzen alles Liebe!!! Meine liebste Alisha, ich hoffe du sitzt im Himmel und passt gut auf meine Thread-Mädels und ihre Schätze auf, damit alle glücklich und gesund im März 2013 entbinden!

Alisha, meine geliebte Tochter, ich liebe dich von ganzem Herzen! Mama und Papa lieben dich für immer und ewig! Du bist ganz weit weg von uns, aber doch ganz nah, in unseren Herzen.

Freitag, 2. November 2012
Bastelstunde für meine Prinzessin

Aktuell entdecke ich eine große Bastellust. Und ich möchte alles schön machen, damit meine Alisha immer in Erinnerung bleibt und ein wichtiger Bestandteil unseres Lebens.

Vor wenigen Tagen habe ich mir ein Wandtattoo bestellt und dieses kommt dann direkt über das Regal im Wohnzimmer auf dem auch die Erinnerungskiste und Kerzen und Blumen für Alisha stehen.

Außerdem habe ich das Kinderzimmer umgestrichen. Das pinke Zimmer war nun mal für Alisha. Sollte ich irgendwann wieder schwanger werden, möchte ich nicht, dass sich das nachfolgende Kind als Ersatz für Alisha fühlt. Und wenn Alisha auf uns herab schaut, möchte ich auch nicht, dass sie das Gefühl bekommt, wir würden sie ersetzen wollen. Das geht nicht. Niemand kann meine Prinzessin jemals ersetzen. Alisha wird für immer in meinem Herzen sein!

Ich habe noch mehr gestaltet. Und zwar gefällt mir nicht, dass so ein Sternenkindergrab so anonym ist. Deshalb bastle ich selbst einen Grabstein für meine Süße. Es gefällt mir so aktiv zu werden und etwas für mein Engel zu tun.

Des Weiteren ist mein für Alisha erstelltes Fotobuch fertig. Es ist so wunderschön geworden. Ich schaue es mir mehrmals täglich an. Irgendwie fühle ich mich dann für wenige Minuten meiner Tochter nah.

Alisha wir lieben dich so sehr. Jede Sekunde ohne dich ist eine verlorene Sekunde. Jede Sekunde ohne dich zerreißt mein Herz. Jede Sekunde ohne dich zeigt mir, wie unendlich meine liebe zu dir ist und dass wir durch dieses starke Band der Liebe für immer zusammen sind. I Love you Alisha :*

Mittwoch, 7. November 2012
Mal wieder im Krankenhaus

Aber dieses Mal nicht, weil ich etwas habe. Ich bin hierher gefahren, weil ich die Bilder, welche im Krankenhaus von meiner Prinzessin erstellt wurden, abholen. Mittlerweile ist eigentlich genügend Zeit vergangen, um die Bilder auszudrucken. Aber wie sollte es anders sein, wurden die Fotos nicht ausgedruckt. Deshalb warte ich jetzt darauf. Zuerst wurde ich für blöd gehalten, es hätte am 20.10.2012 keine Stille Geburt gegeben, dann fand eine Krankenschwester doch einen Eintrag hierüber. Eine andere Krankenschwester schaute angewidert und es schüttelte sie, als sie über die Schulter der Kollegin blickte und diese gerade die Bilder auf der Kamera durchschaute. Als sie dann mich im Raum sah, war ihr Dies wohl unangenehm. Ich schaute sie böse an und musste mir einen bösen Kommentar verkneifen. Wie kann man sich so unangemessen verhalten?

Zuhause werde ich dann wieder fleißig basteln und hierdurch auch meine Trauer weiter bewältigen. Ich vermisse Alisha so sehr. Es vergeht kein Tag ohne Tränen. Ich wünschte sie wäre noch da. Langsam weihnachtet alles.. aber ich bin nicht in geringster Stimmung. Immer wenn ich nach Weihnachtsgeschenken im Internet schaue, unterbreche ich wieder meine Suche, weil ich mir einfach kein Weihnachten ohne Alisha vorstellen kann..

Alisha ich liebe dich meine süße Maus. Auch wenn ich weiß, dass du für immer im Himmel bist :*

Freitag, 9. November 2012
Liebevolle Unterstützung - ein riesen Dankeschön

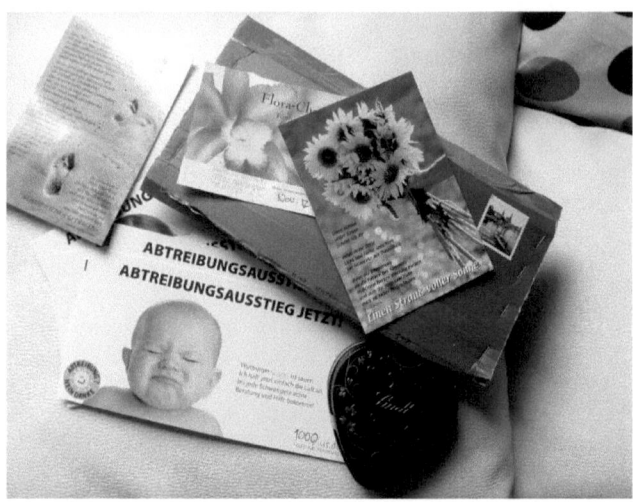

Heute Morgen habe ich ein Päckchen erhalten von einer bezaubernden Frau aus dem Internet. Ich bin so wahnsinnig gerührt. Ich schreibe mit ihr seit Wochen. Seit der Diagnose meiner Alisha, dass sie das Ullrich-Turner-Syndrom hat. Die liebenswerte Frau begleitete mich die letzten Wochen mit einer E-Mail Freundschaft und sprach mir immer Mut zu. Erzählte von ihrer Tochter mit dem Turner-Syndrom und es tat einfach sehr gut, mit ihr zu schreiben. Nichtsahnend drückte mir mein Freund ein Päckchen soeben in die Hand und ich las ihren Namen als der Absender des schönes roten Stückes. Ich öffnete es an der Stelle "Am Besten hier unten aufschneiden" (bei dem Satz musste ich grinsen) und dann kam Unglaubliches zum Vorschein. Ich bin so wahnsinnig gerührt von dieser riesigen Geste. Ist es nicht wundervoll, wenn man über das Internet einen solchen bezaubernden Menschen kennenlernt, der so etwas Wunderschönes macht?

Liebe

Mein Blumenstrauß kommt in Form von einem Flora-Scheck zu Dir. Dann kannst Du Dir selbst aussuchen, was Dir gefällt☺. Und das süße Mini-Herz aus dem Metzinger Lindt-Outlet passt doch auch gut für Dich und Alisha, oder?!

Die Karte „Spuren im Sand" habe ich Dir dazu gelegt, weil ich aus eigener Erfahrung weiß, wie gut es ist, wenn man sich von Gott getragen fühlt.

Sei ganz lieb gegrüßt
    von

P.S. Ich dachte, Du kannst Dich vielleicht gut mit dem Projekt 1000plus identifizieren, nach deinen Erfahrungen mit deinem FA....

In dem Päckchen waren Pralinen - ich liebe Schoki :). Und eine wundervolle Karte mit einem Text von dieser wundervollen Frau. Und die Krönung war ein Gutschein für Blumen bei Fleurop.. ich bin einfach sprachlos. Ich weiß jetzt schon, dass ich diesen Gutschein dafür verwenden werde, um für Alisha schöne Blumen zu kaufen. Vielleicht etwas Kleines für die Gedenkecke und dann für das Sternenkinder-Grab. Ach, ich bin hin und weg von diesem Päckchen.. Danke, danke, danke! Wobei nicht einmal Worte beschreiben können, wie dankbar ich bin! Ich lasse mir etwas einfallen.

Jetzt kommen wir zu einem ganz anderen Thema. Während meiner Schwangerschaft geschah der Vorfall, dass ein Autofahrer meinen Freund und mich nötigte. Er fuhr uns stark auf, überholte uns von rechts und schließlich scherte er vor uns wieder ein und bremste uns schließlich ab. Ich zeigte diesen Mann an. Während seines Überholvorganges machte ich ein Foto von seinem Auto und hatte somit auch sein Nummernschild als Beweis abgelichtet. Mein Freund und ich bekamen Post von der Polizei um noch genauere Einzelheiten niederzuschreiben in dem Zeugenfragebogen. Wir taten dies und schickten alles vor wenigen Tagen zurück. Durch den Tod von Alisha waren wir erst nicht in der Lage uns auf den Fragebogen zu konzentrieren. Der Polizist rief mich gerade an und fragte nach dem Fragebogen. Ich erzählte ihm, dass dieser unterwegs sei, und entschuldigte mich für die Verspätung der Sendung. Ich teilte ihm mit, dass ich mich im Krankenhaus befand. Er fragte vorsichtig nach dem, warum und ich sagte, ihm, dass meine Tochter gestorben sei. Er war sofort sehr ergriffen und man hörte seinen Kloß im Hals. Als ich merkte, wie nah ihm dies ging, bekam ich genauso diesen Kloß im Hals. Dann sagte er mir, dass seine Freundin Krebs habe und ihn das Thema Leben und Tod im Moment sehr beschäftigen würde. Er wünschte mir alles Gute für die Zukunft, wie ich ihm auch. Dieser Mann tat mir so wahnsinnig leid. Diese Geschichte zeigt mir wieder einmal, dass vieles ungerecht ist. Und dieses "Warum?" taucht immer wieder in meinen Gedanken auf. Warum muss der Polizist, dieser nette Mann, auch so ein schlimmes Schicksal durchleben? Warum trifft es meist die liebevollen Menschen besonders hart? Oder sind diese Menschen so liebevoll, weil sie solch schlimme Vorfälle durchstehen mussten? Ich werde jetzt eine Kerze für die Freundin des Polizisten anzünden. Als Zeichen, dass ich dieser Familie viel Glück und alles erdenklich Gute wünsche und hoffe, dass seine Freundin den Krebs besiegen kann und sie zusammenhalten. Lieber Polizist, ich denke an Sie!

Und meine liebste Tochter - ich liebe dich mein Schatz! Ich bin so glücklich, dass du in mein Leben getreten bist und ich bin über jede Sekunde, welche wir zusammen als Mama und Tochter hatten, glücklich. Ich liebe dich so sehr mein Spatz! Du bist für immer meine Prinzessin! Mama liebt dich :*

Sonntag, 11. November 2012
Gedenkgottesdienst - Heiliggeistkirche am Dominikanerkloster

Heute war um Gedenkgottesdienst in der Heiliggeistkirche am Dominikanerkloster. Der Gottesdienst war wunderschön gestaltet. Nachdem wir erst einmal etwas durch die Stadt geirrt sind, haben wir schließlich die Kirche gefunden. Zaghaft haben wir uns hereingetraut. Erst einmal war ich etwas geschockt von der Menschenmenge. Ich hätte so eine Masse nicht erwartet, da der Gottesdienst im Krankenhaus vor zwei Wochen im Vergleich richtig leer war.

Wir tasteten uns langsam voran und nahmen eine Kerze, welche wir bunt bemalten. Dann schrieben wir ein paar Worte in eines der ausgelegten Gedenkbücher. Später im Gottesdienst wurde Alishas Name und ihre Daten vorgelesen. Der gesamte Gottesdienst wurde musikalisch begleitet und es wurden schöne Sachen vorgetragen. Alles stand im Zeichen "Die Hoffnung zerbrochen" und wir bekamen eine Scherbe mit nach Hause, auch die Kerze durften wir nach Hause mitnehmen. Die Scherbe sollte als Symbol stehen für "Unser Leben fühlt sich durch den Tod des Kindes an wie ein Scherbenhaufen". Ich musste viel weinen, aber es tat gut. Ich glaube es tat den vielen Frauen und Männern gut zu trauern. Auch mein Schatz fand es total schön. Wir wollen nächstes Jahr diesen Gottesdienst erneut besuchen. Es lohnt sich einfach! Ein so schön gestalteter Gottesdienst ist fast Balsam für die Seele. Man fühlt sich einfach verstanden und unter Gleichgesinnten.

Gestern habe ich noch meine Prinzessin auf Leinwand gemalt. Ich finde, es sieht ihr wirklich sehr ähnlich. Wenn ich das Bild anschaue, muss ich einfach grinsen. Sie ist meine Prinzessin, mein Engelchen, meine geliebte Tochter. Ich werde das Bild ins Wohnzimmer hängen und dann sehe ich immer meine Hübsche. Als mein Schatz das erste Mal das Bild betrachtete, hatte er Wasser in den Augen. Er hat quasi zum ersten Mal unsere Alisha gesehen. Und sein erster Satz war "Alisha hat ja wirklich meine Nase".. ich musste da so lachen. Aber es stimmt wirklich, sie sehen sich so ähnlich. Mein Schatz und unsere Prinzessin.

Ich vermisse dich meine Prinzessin und ich liebe dich über alles! Du bist mein geliebtes Engelchen! Alisha ich liebe dich :*

Alisha Martin

gestorben am 19.10.2012

Still geboren am 20.10.2012

Wir werden dich für immer vermissen. Du bist für immer unsere Prinzessin. Wir lieben dich Alisha!

Tausend Engelsküsse von deiner Mama und deinem Papa

Mittwoch, 14. November 2012
Das erste Arbeiten nach alledem

Ach, das ist alles nicht so einfach. Heute war mein dritter Arbeitstag nach Alishas Tod. Es ist schrecklich. Ich kann mich gar nicht richtig auf die Arbeit konzentrieren. Dauernd muss ich heulen. Im Radio kommen wie am Fließband "Rihanna - Diamonds" und "Emily Sande - Read all about it". Ich kann diese Lieder einfach nicht hören. Ich ertrage es nicht. Es sind die zwei Lieder, welche ich Alisha fast täglich vorsang und immer wenn ich sang, war Alisha so schön aktiv. Ich spürte sie dann immer besonders stark. Ich glaube, es gefiel ihr sehr. Wenn sie nur die Originalversionen hörte, gefall es ihr zwar und sie zappelte, aber wenn sie meine Stimme in Verbindung mit den Songs hörte, war sie so ein süßer Wirbelwind.

Auf der Arbeit brennt die ganze Zeit eine Kerze für meine Prinzessin, und Zuhause geht es natürlich nahtlos weiter. Es war für mich besonders schlimm, dass die wenigsten irgendwie mit mir sprachen. Alle starren einfach nur meinen nicht mehr vorhandenen Bauch an und schauten mir geschockten Gesichtern in die Augen. Heute habe ich eine sehr rührende Reaktion einer Kollegin erlebt. Sie umarmte mich, sagte, wie sehr ihr das mit Alisha leidtut und sie musste sehr weinen. So viel Mitgefühl hätte ich niemals erwartet. Wie beschrieben, die meisten ziehen das auf den Bauch-starren vor. Eine Kollegin, welcher während meiner Abwesenheit schwanger wurde, regt mich sehr auf. Sie hat kein Bock auf das Kind, möchte keine Elternzeit nehmen und sofort nach der Entbindung wieder arbeiten. Sie raucht stündlich. Dann kommt sie ins Zimmer und sagt, sie habe nächste Woche ihre nächste Kontrolluntersuchung und hofft, dass sie mitgeteilt bekommt, dass es ein Junge wird. Warum bekommt so eine Frau, welche sich so verantwortungslos verhält und kein Bock auf ihr Kind hat, ein gesundes Kind? Meine Kleine musste sterben, obwohl ich sie so sehr liebe, immer auf mich geachtet habe und alles für sie getan hätte und sie bezeichnet ihr Kind als Unfall?! Das Leben ist so ungerecht! Ich würde alles dafür tun, um meine Prinzessin wieder zu mir zu holen. Wenn ich 50 Jahre brauchen würde, um in den Himmel zu ihr zu gelangen, ich würde sofort losgehen, um keinen einzigen Tag mit ihr zu verpassen. Ich würde alles tun!

Alisha ich liebe und vermisse dich! Du bist meine zauberhafte Prinzessin, welche ich für immer lieben werde! Tausend Küsse zu dir mein Schatz :*

Montag, 19. November 2012
Ein Monat ist es her

Meine geliebte Prinzessin. Vor genau einem Monat bist du in den Himmel geflogen. Du hast deine Mama und dein Papa hier auf Erden gelassen und sitzt jetzt oben im Himmel und schaust zu uns herab. Vermisst du uns auch so sehr wie wir dich? Aber keine Sorge meine Prinzessin, wir sehen uns wieder! Mama und Papa denken immerzu an dich, wir lieben und vermissen dich unendlich sehr. Wie gerne würde ich dich im Arm halten, dir ein Küsschen auf die Stirn geben. Dich wickeln, dir dein Fläschchen geben, dich knuddeln, dich in deine zuckersüßen Bodys und Shirts kleiden. Dich beobachten beim Schlafen, das Leuchten in deinen Augen bei neu entdeckten Sachen sehen, dein Lachen hören und dich trösten, wenn du Bauchweh hast oder dir ein Lied vorsingen, wenn du nicht schlafen kannst. Auch nach einem Monat denke ich jede Sekunde an dich, weine täglich und zünde rund um die Uhr eine Kerze für dich an. Ich liebe dich so sehr mein wunderhübscher Engel :*!

Heute war kein schöner Tag. Mal wieder ist etwas passiert. Die Katze vom Papa ist gestorben meine Süße. Papa ist sehr traurig und hat sehr geweint. Sie hatte mit ihren 13 Jahren einen Tumor im Kiefer und musste eingeschläfert werden. Papa hat seine Tipsy dann im Garten seiner Eltern beerdigt. Er hat sich viel Mühe gegeben den letzten Ruheort für sie besonders schön zu gestalten und dies ist ihm sehr gut gelungen. Papa musste viel weinen. Es ist sehr schwer für ihn. Am 19.10. bist du in den Himmel geflogen und heute am 19.11. ist Tipsy zu dir geflogen. Wir hoffen ihr könnt im Himmel schön miteinander spielen. Ich hoffe meine Omi passt gut auf dich auf und hütet dich, bis ich, deine Mama, bei dir sein kann. Aber Omi war so kinderlieb, dass ich mir auch nichts anderes bei ihr vorstellen könnte. Ach, wie sehr ich euch vermisse.

Mama war gestern mit dem Papa nach einem Grabgesteck für dich schauen. Wir haben zwar erst einmal alles soweit vereinbart. Aber die Beratung war so schlecht, sodass wir nicht sonderlich begeistert hiervon waren. Vielleicht schauen wir uns auch noch anderswo um. Bald wird deine Beerdigung sein, eine Einladung haben wir leider bisher nicht erhalten. Ich bin nervös und habe Angst vor diesem Tag. Ich hätte dich so gerne bei mir und wollte es niemals erleben dich zu Grabe tragen zu müssen. Das sollte nicht so sein, süße Maus.

Auch hatte ich am Samstag nach langer Zeit wieder ein Fotoshooting. Es war sehr seltsam. Ich muss mich an meinen neuen Körper nach der Geburt erst gewöhnen. Ich wiege zwar weniger als vor der Geburt, aber dennoch ist mein Bauch nicht mehr straff. Allerdings darf ich noch nicht so recht Sport treiben. Es sind trotzdem ein paar schöne Fotos dabei. Bei dem Shooting habe ich auch ganz oft an dich gedacht. Ich hoffe von der einen Serie ist ein ganz tolles Bild dabei, auf dem man mein Tattoo für dich ganz deutlich sieht.

Letzte Woche habe ich von einer lieben Kollegin eine süße Engelsfigur erhalten. Sie steht jetzt neben meinem Kerzchen auf meinem Schreibtisch bei der Arbeit. Diese Kollegin war als Einzige so bewegend mitfühlend. Dies hat mich zu Tränen gerührt. Aber auch mein Chef und meine Vorgesetzte überreichten mir eine Karte und teilten mir rührende Worte mit. Ich hoffe auf der Arbeit geht es irgendwie bergauf.

Ich habe mich übrigens für einen Informationsabend für Kindertagespflege angemeldet im Januar. Vielleicht wäre dies etwas, das mir gefallen könnte. Ich könnte mit tollen Kindern, wie du es bist, arbeiten. Mal schauen, wie es wird.

Wir vermissen dich so sehr unsere Prinzessin!!! Wir lieben dich für immer und ewig! Schicken dir Tausende Küsse zu deinem Wölkchen :*** du bist das größte Glück, welche ich je in meinem Leben hatte und kennen durfte! I Love you :***

Sonntag, 25. November 2012
Es ist mein Geburtstag..

Doch ohne dich ist dieser Tag nichts. Wie gerne hätte ich dich bei mir. Ich wäre heute in der 25. Schwangerschaftswoche. Wie groß wärst du jetzt und wie schwer? Wie hättest du dich verändert? Wie stark hätte ich mittlerweile den Berührungen und Bewegungen gespürt?

Es wäre einfach so schön gewesen, dich heute an meinem Geburtstag in meinem Bauch spüren zu dürfen. Das war ein großer Wunsch von mir gewesen, aber leider geht er nicht in Erfüllung. Er wird niemals in Erfüllung gehen, weil du im Himmel und ich auf Erden bin. Ich glaube du spürst jeden Tag, wie sehr ich dich liebe und vermisse. Die vielen Tränen, welche an meinen Wangen herunterkullern, die vielen Taschentücher, welche ich so gerne auf den Boden werfe und die Kerze, welche ich jeden Tag für dich anzünde, damit du mich immer siehst und vom Himmel aus erkennst. Doch vermutlich wirst du mich immer erkennen, und wenn ich irgendwann im Himmel bin, dann werde ich auch dich sofort erkennen. Denn uns verbindet ein starkes Band, das Band der liebe, welches über den Tod hinweg tritt und uns zusammenhält als Mama und Tochter. Ich liebe dich so sehr mein Schatz :*!

Auch meine verstorbene Omi, vermisse ich wie jedes Jahr sehr. Jedes Jahr weckte sie mich in meinem Geburtstag. Sie rief mich an und sang mit meinem Opa Happy Birthday. Nach ihrem Tod, sang er es noch einmal alleine für mich und dann hörte er auf damit. Sie backte immer tollen Kuchen und kochte mein Wunschessen und machte jeden Geburtstag zu etwas Besonderem. Seit sie im Himmel ist, hatte ich keinen schönen Geburtstag mehr.

Mein Freund versucht alles, um mich heute glücklich zu machen. Er schenkte mir so schöne Sachen, man merkte richtig, wie viele Gedanken er sich gemacht hat und wie gut er mich kennt. Ich habe noch nie von jemanden so viele schöne Geschenke bekommen, welche ich alle auch noch so perfekt für mich empfand. Er ist einfach mein Traummann. Der perfekte Mann an meiner Seite. Besonders süß fand ich es, als er um 12 Uhr vor mir stand, während ich im Halbschlaf auf der Couch lag und mir dann eine Hello Kitty Torte entgegen streckte mit vier Kerzen. Ich wünschte mir beim Auspusten drei Sachen. Ein Wunsch für meine Zukunft, einer für das jetzt und hier und einer für den tollsten kleinen Menschen, den ich kenne. Mehr verrate ich nicht - sie sollen ja alle in Erfüllung gehen :).

Heute Morgen werde ich zum Grab meiner Oma fahren und ihr ein gebasteltes Herzchen hinlegen. Dies ist mir ein großes Anliegen. Wenn sie nicht zu mir kommen kann, dann komme ich zu ihr. Es gibt dann Brunch bei meinem Dad und anschließend Besuche ich meine Mama. Das mit dem Brunch mache ich meinem Dad zuliebe. Ich hätte mich heute lieber in der Wohnung versteckt und gewartet, bis der Tag vorbei ist. Heute Abend mache ich belegte Brötchen für die Arbeit, damit auch alle satt werden. Kuchen wollte ich nicht machen, demnach ist dies wohl die beste Lösung.

Ach meine Prinzessin, wo du auch bist, ich liebe dich! Ich liebe dich so unendlich sehr, dass ich dies niemals in Worte ausdrücken kann. Du bist mein ein und alles! Mein wunderhübscher Engel! Ich liebe dich Alisha, für immer und ewig :*

Dienstag, 27. November 2012
Probleme nach der Geburt.. Krankenhaus

Ich hatte die letzten Tage so starke Blutungen, dass ich heute erneut ins Krankenhaus bin. Bei der Ultraschalluntersuchung konnte man etwas weißes Großes erkenne, aber die Ärztin wollte oder konnte nicht so recht sagen, was es ist. Dann musste ich zwei ewig lange Stunden warten, bis das Testergebnis der Blutuntersuchung vorlag. Es wurde mir gesagt, dass die Ergebnisse für das weitere Vorgehen entscheidend seien, ob ich eventuell noch heute schnell operiert werden müsse. Zum Glück konnte ich das zumindest für heute umgehen. Mir wurden Tabletten gegeben. Diese sollen alles "regeln". Ohne eine Information erhalten zu haben, was das in mir ist, wurde ich mit dem Rezept wieder nach Hause geschickt. Nächste Woche Mittwoch habe ich die Kontrolluntersuchung. Ich hoffe bis dahin, hat sich alles wieder geklärt und ich muss nicht doch noch operiert werden.

Ich habe gerade eben das Gesteck für die morgige Beerdigung geholt. Es entspricht nicht ganz unseren Erwartungen, aber das nächste Mal gehen wir einfach zu einem anderen Blumenladen und finden dort vielleicht eher das, was uns gefällt.

Die Vorstellung, dass Morgen die Beerdigung ist, finde ich so schlimm. Ich habe Angst vor diesem Moment. Ich will mir gar nicht ausmalen, wie es sein wird. Es läuft einfach verkehrt. Meine Tochter sollte mich überleben und nicht umgekehrt. Es ist wie im schlimmen Film und es nimmt kein positives Ende. Ich hätte sie so gerne zurück bei mir. Ich vermisse sie so sehr.

Alisha, ich liebe dich mein süßes Engelchen :*

Mittwoch, 28. November 2012
Ergreifende Stunden.. die Beerdigung der geliebten Tochter

Viele Tränen rollten über unser Gesicht. Viel Schluchzen ging durch die Reihen. Viel Schmerz und Trauer an einem Ort vereint..

Heute war die Beerdigung unserer Prinzessin Alisha. Ich bin mir sicher, es gibt nichts Schlimmeres auf der Welt als sein geliebtes Kind zu Grabe tragen zu müssen. Kein Leid, welchen ich jemals verspürt habe, kommt an diesen unendlich großen Schmerz in meinem Herzen heran. Jede Traurigkeit und jedes Problem in meinem Leben ist so klein im Vergleich zu dieser großen Leere in meinem Herzen ohne meine süße Maus.

Zuerst fand eine Trauerfeier am Friedhof statt. Dieser war schön gestaltet. Wir durften beim Betreten des Trauerhauses eine Kerze nehmen und ein Band in der Farbe unserer Wahl herum binden. Wir nahmen natürlich ein rosa Band und wickelten es um die Kerze. Dann bestand die Möglichkeit, ein paar Sätze in ein Gedenkbuch zu schreiben. Die meisten Eltern trauten sich nicht. Den Text für mein Engelchen schrieb ich auf die zweite Seite des Buches. Dann wurden die Tore geöffnet zu dem Raum und wir waren unserer Tochter plötzlich wieder ganz nah. Da lag die Urne in einer großen roten Schale. Die Asche unserer und vieler anderer Sternenkinder ist in dieser Urne. Erst fand ich den Gedanken sehr befremdlich und schlimm, dass mein Kind mit anderen Kindern verbrannt wird. Die Vorstellung, dass mein Kind nur noch Asche sein soll, finde ich weiterhin sehr schlimm. Aber eine andere Beerdigung wäre uns nicht möglich gewesen und so ist es das Richtige. Als ich in die vielen traurigen Gesichter der anderen Trauergäste blickte, fand ich den Gedanken an eine gemeinsame Urne der Sternenkinder gar nicht mehr so schlimm. Ich stellte mir vor, dass Alisha jetzt mit diesen vielen Kindern im Himmel spielen wird. Ich konnte mir so vorstellen, dass sie nicht allein ist. Alisha ist nicht allein im Himmel. Sie hat dort kleine und große Freunde. Und die Vorstellung, dass vielleicht sogar meine geliebte verstorbene Oma sie nun im Arm hält und beschützt und sie ihr ganz viel Liebe schenkt, gefällt mir. Bei dem Lied "Over the rainbow" durften wir die uns zuvor geschenkte Kerze anzünden und in eine der zwei Vasen auf dem Boden, in den darin gegebenen Sand, stecken. Mein Schatz und ich gingen nach vorne und er durfte auch die Kerze entzünden und in den Sand stecken. Da konnte selbst er nicht mehr seine Tränen an sich halten. Wir umarmten uns lange und setzten uns dann dicht umschlungen wieder auf unsere Plätze in der ersten Reihe. Die Meisten trauten sich nicht nach vorne, aber ich wollte einfach meiner Alisha ganz nah sein. So nah wie möglich. Nach einem Segensspruch und Gebeten und so weiter, nahm eine seltsame Frau (erinnerte an eine Art Hexe) die Urne recht lieblos aus dem Gefäß und übergab sie dann einem Mann. Ich wäre am Liebsten selbst hin, hätte ihr die Urne entrissen und sie zu Grabe getragen, damit ihr nichts passiert. Der Mann war dann aber sehr vorsichtig und er ging liebevoll mit der Urne um. Wir liefen gemeinsam mit den anderen Eltern und Freunden, Bekannten, Familienangehörigen der Sternenkinder über den Friedhof zu dem Sternenkindergrab. Der Mann mit der Urne ließ sie nach ein paar Worten der zwei Klinikseelsorgerinnen, welche die Trauerfeier nett und herzlich begleiteten, in die Erde. Anschließend durften die Eltern nach und nach ihre mitgebrachten Blumen auf das Grab legen. Wer wollte, konnte auch eine Schippe Erde über die Urne streuen. Ich wollte dies nicht, aber mein Schatz streute etwas Erde über die Urne. Wir gingen ziemlich zuletzt an das Grab. Ich wollte einen besonders schönen Platz am Grab für meine Kleine haben und nicht, dass andere dann meine Ecke zustellen oder darauf treten ect., wie es anderen unachtsamen Menschen passierte. Ich zeigte meinem Schatz eine Ecke neben einer Maria-Statue. Ich fand es dort perfekt. Die Ecke liegt am Ende des Weges und es wird keiner darauf treten. Mein Schatz legte unser Herzgesteck auf den Boden und ich stellte mein gebastelten Sachen daneben. Ich zündete in der Lichtkugel und nebenan jeweils ein Kerzchen für unsere Prinzessin an. Später als die Leute nach und nach ihre Wege gingen, lief ich nochmals zum Grab und machte ein paar Fotos. Während instrumentalische Musik im Trauerhaus gespielt wurde, zählte ich die Kerzen im Sand, welche als Zeichen für je ein Kind stehen sollten. Es waren 27 Kerzen. Ob wirklich 27 Kinder beerdigt wurden? Ob alle Sternenkindereltern überhaupt da waren? Ob sich manch einer vielleicht mehr Kerzen nahm, weil es für ihn eine andere Bedeutung hatte? Ich weiß es nicht, aber es waren viele Leute da. Ich schätze um die 40-50 Menschen waren dort gewesen. Wobei viele auch in größeren Familienkreisen kamen. Mich rührte es zu Tränen, als ein kleiner Junge mit ca. sieben Jahren die schwere Schaufel mit seinem Papa nahm, um Erde über die Urne zu streuen. Der kleine Junge wollte dies unbedingt tun. Er wird sicherlich auch sein verstorbenes Geschwisterchen vermissen. Viele der Anwesenden nahmen eine Rose mit. Nur sehr Wenige hatten außer einem Blümchen ein Erinnerungsstück dabei. Eine Frau legte ein kleines Stofftuch mit Kuscheltiertopf in rosa ans Grab, zwei weitere hatten ein Gesteck. Eine Frau, welche direkt neben unsere, ihre Erinnerungsstücke legte, gab sich auch sehr viel Mühe. Sie hatte auch ein schönes Gesteck dann etwas selbstgebasteltes mit einem Engelchen. Das sah ganz klasse aus. Als ich durch die Runde blickte, dachte ich mir, dass wohl nur die Wenigsten jemals wieder diesen Ort aufsuchen werden. War die Beziehung zu deinem eigenen Kind noch nicht groß genug gewesen, dass es mehr wert ist, als ein Blümchen, welches in wenigen Tagen verwelkt? Eine der Klinikseelsorgerinnen stellte ein Engelchen auf den Boden. Dies fand ich sehr schön. Eine wunderschöne Geste.

So schlimm es auch ist, ich glaube zu einer richtigen Trauerbewältigung gehört auch das zu Grabe tragen. Und mir persönlich tut es gut, meinen Kummer und Schmerz herauszulassen. Es bringt nichts, seine Trauer zu verbergen. Das möchte und werde ich nicht. Alisha ist meine Tochter und ich vermisse sie und das kann jeder wissen, sehen und spüren. Sie ist für immer ein großer Bestandteil meines Lebens.

"Unsere geliebte Prinzessin, wir hoffen, dass du im Himmel schon viele Freunde gefunden hast. Deine Asche ist nun in der Erde. Aber wir wissen, du hast deinen unendlich riesigen Platz in unserem Herzen hast und im Himmelchen wirst du gut umsorgt werden, solange bis wir uns irgendwann wieder sehen. Und wenn es soweit ist, dann werden wir unsere Rolle als Eltern ausleben dürfen und du darfst mit uns spielen, lachen und alles tun, was du möchtest. Wir werden dir jeden Wunsch erfüllen. Vergessen werden wir dich niemals unsere geliebte Tochter! Du bist für uns das Wichtigste in unserem Leben und das wirst du immer sein. Mama und Papa lieben dich so sehr, dass wir es niemals in Worte beschreiben können. Alisha, unsere süße geliebte Prinzessin, wir lieben dich für immer und ewig!"

Donnerstag, 29. November 2012
Ein Tag nach der Beerdigung - Blumensuche

Ich kann nicht ruhig sitzen bleiben, so fuhr ich gerade eben in den Baumarkt und habe mir drei Blumenstöckchen für Alisha ausgesucht. Ich möchte Alishas Grab einfach schön haben. Das Gesteck wird bald verblüht sein und dann ist alles kahl und leer, das möchte ich nicht. Wenn die anderen Sternenkinder Eltern das Grab so gehen lassen wollen, heißt das nicht, dass ich mich dem anschließe. Ich habe auch noch eine kleine Keramik-Gitarre gekauft, diese werde ich später anmalen und schließlich wird auch sie einen Platz am Grab finden. Alisha mochte es so sehr, wenn ich singe, es hat uns verbunden und deshalb finde ich ein schönes Symbol unserer Liebe.

Gerade eben war ich auch beim Hautarzt und bekomme nun eine Salbe. Durch die hormonellen Veränderungen habe ich einen starken Ausschlag an den Armen. Aber jetzt wird es sicherlich besser werden. Auch die Blutungen haben durch die Tabletten von der Frauenärztin so gut wie aufgehört und auch vom Kreislauf her geht es mir wieder besser.

Von der lieben Frau aus dem Forum mit dem Turner-Mädchen habe ich heute ein tolles Päckchen erhalten, nachträglich zum Geburtstag. Mit einer schönen Karte, einem bewegenden Buch und noch leckerer Schoki. Wie schön :)! Ich freue mich! Vielen lieben Dank :)!!!

So meine Prinzessin, Mama wird jetzt deine Gitarre anmalen und am Sonntag, falls ich es so lange aushalte, mache ich dein Grab hübsch. Ich freue mich, wenn ich dir wieder ganz nah sein darf. Ich liebe und vermisse dich mein wunderhübscher Engel! Du bist das Schönste, was ich je erleben durfte. Ich liebe dich Alisha :*

Sonntag, 2. Dezember 2012
Grabbesuch von unserem Engel

Hallo unsere liebe süße Maus,

wir waren heute an deinem Grab und haben deine ersten Blümchen gepflanzt. Und die Figuren, welche ich diese Woche bemalt habe, haben wir dir auch mitgebracht.

Wir finden die Blümchen sehr schön, das macht doch alles etwas bunter und schöner für dich. Wir vermissen dich sehr und denken immerzu an dich.

Wir lieben dich Alisha - für immer und ewig!!!

Mittwoch, 5. Dezember 2012
Kontrolltermin im Krankenhaus

Heute wurde ich wieder im Krankenhaus kontrolliert. Die Blutungen haben durch die Tabletten aufgehört. Ich hatte große Angst, dass ich wieder operiert werden muss und ging mit einem total mulmigen Gefühl zu der Untersuchung. Zum Glück ist alles wieder gut und normalerweise müsste sich dann so langsam alles bessern und die nächsten Blutungen nicht mehr so stark sein. Ich hoffe es.

Die ganze Woche habe ich eigentlich im Kopf, dass morgen Nikolaus ist. Ich möchte so gerne den von mir gekauften Nikolaus auf das Grab von Alisha zu stellen. Leider hat der Friedhof nur bis 17 Uhr offen und ich muss bis 17 Uhr arbeiten. So habe ich nur die Möglichkeit nach der Arbeit auf den Friedhof zu gehen und zu hoffen, dass dort keine Türen zugeschlossen sind. Kinder lieben Nikolaus und deshalb möchte ich auch meiner Tochter einen Nikolaus schenken. Ich bin natürlich am Sonntag wieder auf dem Friedhof, aber am Sonntag ist nun mal kein Nikolaus mehr. Ach ich hoffe so sehr, dass ich Alisha den Nikolaus schenken kann.

Ich bastle auch mal wieder etwas Schönes für meine Prinzessin (siehe das Foto unten). Wenn es fertig ist, wird es noch besser sein. Aber mir gefällt es jetzt schon sehr.

Meine Prinzessin, auch wenn du noch so weit weg im Himmel von mir bist. Meinem Herzen bist du ganz nah und ich denke jede Sekunde an dich. Du bist mein wunderhübscher Engel und ich liebe dich von ganzem Herzen :***

Donnerstag, 6. Dezember 2012

Ein Nikolaus für dich mein wundervolles Sternenkind

Hallo meine Prinzessin, heute ist Nikolaus und natürlich hast du einen Nikolaus wie jedes andere Kind verdient. Der Papa hat es dir vorbei gebracht und ich bin sehr glücklich darüber. Ich konnte die Nacht über kaum schlafen, weil ich mir so den Kopf zerbrochen habe, wie du zu deinem Nikolaus kommst. Mit Mamas Arbeitszeiten und den aktuellen Friedhofs-Öffnungszeiten ist dies alles nicht so einfach. Aber jetzt winkt dir der kleine Nikolaus von deinem Grab aus zu in den Himmel und ich hoffe sehr, er gefällt dir.

Ich vermisse dich so sehr und hätte dich so gerne bei mir. Mittlerweile wäre mein Bauch wohl noch um einiges gewachsen und es wäre wunderschön, wenn du noch in mir turnen und ich dich spüren würde. Leider können wir dies nicht erleben. Aber du sollst wissen, dass ich dich über alles liebe und vermisse. Pass auf dich gut auf, irgendwann sind wir bei dir und lassen dich nie wieder los.

Sonntag, 9. Dezember 2012

Weltgedenktag für Sternenkinder

Heute ist der Weltgedenktag für Sternenkinder und auch bei mir brennt wie jeden Tag ein Kerzchen für mein Engelchen.

Draußen schneit es sehr, auf dem Friedhof war alles mit einer weißen Decke überzogen. Heute Morgen war ich bereits dort gewesen und habe etwas aufgeräumt und viele Kerzchen angezündet. Auch habe ich das große gebastelte Herzchen mitgenommen und an das Grab gelegt. Am Donnerstag habe ich einen Bericht über meine gewünschten Veränderungen am Sternenkindergrab geschrieben und an einen Verein gesandt, welcher die Pflege für das Grab übernommen hat. Ich würde mich gerne mit einbringen und unterstützen. Ich hoffe bald eine positive Antwort von dem Verein zu erhalten und mich dann dort austoben zu dürfen, um das Grab besonders schön für die vielen Sternenkinderchen zu gestalten.

Alisha ich liebe dich über alles auf der Welt. Du bist mein wunderhübscher Engel im Himmelchen, mein hellster Stern am Himmel. Ich vermisse dich meine süße Maus <3

Dienstag, 11. Dezember 2012

Miss you..

Hallo meine Prinzessin,

ich vermisse dich sehr. Manchmal frage ich mich, wie ich das alles packen und ohne dich leben soll. Ich hatte mir alles so schön mit dir ausgemalt und ich wollte so vieles mit dir erleben. Ich erinnere mich oft an den Moment, als ich mit dir im Bauch einkaufen war. Ich lief die wenigen Meter bis nach Hause und schaute auf den Boden. Ich fragte mich in diesem Moment, ob wir jemals gemeinsam Hand in Hand diesen Weg gehen würden. Ich erzählte auch deinem Papa von diesem Gedanken und er sprach mir Mut zu, dass wir das alles packen würden, dass du leben wirst und ich dann mit dir diesen Weg gehen darf. Immer wieder gehe ich jetzt diesen Weg entlang, ohne dich, allein. Ich hätte alles dafür getan, damit die mit uns gemeinsam leben, hättest können. Nichts mehr ist, wie es war, nichts mehr wird wieder sein wie früher. Denn du fehlst mir und du wirst mir immer sehr fehlen.

Alisha meine Süße, wir vermissen dich und haben dich ganz fest in unser Herz geschlossen. Wir denken an dich und hoffen, du spielst jetzt ganz fleißig im Himmel. Irgendwann spielen wir gemeinsam, versprochen meine Maus! Wir lieben dich <3

Sonntag, 16. Dezember 2012

Grabbesuch meines Sternenkindes am 3. Advent

Hallo meine süße Maus,

heute war ich wieder auf dem Friedhof an deinem Grab und habe alles hübsch gemacht. Die alten Blumen entsorgt, viele Kerzen angezündet und alle umgefallenen Kuscheltiere wieder aufgestellt. Ich habe dir auch wieder schöne Röschen und zwei kleine Sternchen mitgebracht.

Mir fiel auf, dass das Grab ohne die vielen verdorrten Blumen ganz leer aussieht. Ich finde es schade, dass so wenige Eltern sich um das Grab zu kümmern scheinen. Ich habe so viele Ideen, wie man das Grab ganz hübsch gestaltet könnte. Leider habe ich bisher keine Rückmeldung von dem Verein, welcher die Grabpflege übernommen hat. Ich möchte aber nicht tatenlos sein und so habe ich heute die erste Kerze mit nach Hause genommen und angefangen sie zu restaurieren. Ich werde diese nun wöchentlich austauschen, bis alle Kerzen aus Ton wieder schön aussehen. Ich möchte, dass es die vielen Sternenkinder schön haben.

Nun kam auch unsere Traueranzeige in die Zeitung und ich finde sie sehr schön, ich habe sie selbst gestaltet gehabt.

Alisha meine Maus ich liebe dich so sehr, auch wenn du im Himmel bist, du bist die wundervollste Tochter, welche sich eine Mutter nur wünschen, kann <3

Montag, 17. Dezember 2012

Petition Verschönerung des Sternenkindergrabes

Hallo mein kleiner Engel,

heute hat Mama eine Petition ins Leben gerufen - für dich und die vielen wundervollen Sternenkinder am Frankfurter Friedhof. Ich wünsche mir so sehr, dass du es dort schön hast. Dass du vom Himmel hinunter blickst und dir denkst "Mama, Papa - das sieht so schön aus". Ich wünsche mir so sehr, dass dir das Grab gefällt und dass auch deine Freunde im Himmel, die anderen Sternenkinder, das Grab sehr mögen. Weißt du, wir haben die ganze Schwangerschaft über hart gekämpft, und auch wenn du nicht mehr bei mir sein kannst, du bist ganz fest in meinem Herzen. Ich möchte für uns und die zauberhaften Sternenkinder weiterkämpfen - und ich werde damit erst aufhören, wenn ich mir sicher bin, dass ihr glücklich seid. Dass ihr vom Himmel auf uns blickt und seht wie wunderschön die vielen Menschen euern Engellandeplatz gestaltet haben. Ich glaube daran, dass wir das packen können.

Alisha, meine süße Maus, ich liebe dich und denke immerzu ganz fest an dich <3

Donnerstag, 20. Dezember 2012
Schon 250 Stimmen für unsere Petition

Hallo kleine Maus,

gerade eben war ich wieder auf deinem Grab und habe viele Kerzen angezündet. Und die letzten zwei "Lichtkugeln" mitgenommen - sie sind schon fast fertig restauriert. Die erste umgestaltete Kerze steht nun schon auf dem Grab. Außerdem habe ich nun Flyer in Druck gegeben für unsere Petition. Ich versuche, Werbung zu machen. Habe an alle Zeitungen geschrieben und mich mit dem Friedhof usw. in Verbindung gesetzt. Aber niemand unterstützt uns oder fühlt sich verantwortlich. Ich finde das so enttäuschend. Es bricht sich mit ein wenig Hilfe doch niemand ein Ast ab. Aber wir haben ja schon 250 Stimmen von wundervollen Helfern! Vielen lieben Dank an dieser Stelle!

Ach Alisha, es ist nicht einfach. Du fehlst uns und es scheint schwer, dass uns mehr Menschen für ein schönes Sternenkindergrab unterstützen. Notfalls mache ich doch alles allein. Ihr habt ein schönes gepflegtes Grab verdient und das werdet ihr auch bekommen!

Ich vermisse dich sehr meine Prinzessin. Ich freue mich so sehr wenn ich an Heilig Abend dein Geschenk vorbei bringen darf. Papa wird natürlich auch dabei sein :).

Alisha wir lieben dich!

Montag, 24. Dezember 2012
Frohe Weihnachten unsere Prinzessin

Hallo unsere süße Prinzessin,

heute vermissen wir dich ganz besonders. Du fehlst uns so sehr. Gerade eben waren wir auch an deinem Grab und haben dir deine Weihnachtsgeschenke vorbei gebracht. Wir hoffen und glauben sie gefallen dir. Ein kleines Mädchen ging mit ihrer Mama auch am Grab vorbei und das Mädchen lief sofort zu deiner Ecke und bestaunte deine Hello Kitty. Wenn es dem Mädchen so sehr gefiel, wird es dir auch sicherlich gefallen.

Alisha wir lieben dich ganz doll :***

Donnerstag, 27. Dezember 2012
Die Weihachtstage sind vorbei

Weihnachten ist vorbei.. es waren keine einfachen Tage ohne die süße Prinzessin. Man malt sich schon während der Schwangerschaft so vieles aus.. was wie alles sein wird. Und ohne es zu ahnen, platzt der Traum von einer Bilderbuchfamilie wie eine Seifenblase. Die Seifenblase fliegt und fliegt und landet irgendwann auf dem Boden und verschwindet im Nirgendwo. Ich konnte auch während den Weihnachtstagen nicht untätig bleiben und verteilte Flyer in den Briefkästen der Nachbarstraßen für unsere Petition. Und endlich hat sich eine Zeitung gemeldet und möchte in den nächsten Wochen einen Bericht herausbringen. Hoffentlich erfahren dann mehr Menschen von unserem Traum-Projekt und wir kommen unserem großen Wunsch einen weiteren Schritt näher.

Zu Weihnachten habe ich von meinem Dad einen schönen Engel aus Holz und von meiner Mutter einen Engel aus Keramik bekommen. Beides hat schon seinen Platz bei meiner Gedenkecke im Wohnzimmer gefunden. Von meinem Schatz gab es ein Gutschein vom Tattoo Studio, damit ich dann vielleicht demnächst mein Engel-Tattoo am Rücken tätowieren lassen kann.

Auch wenn es vielleicht verrückt ist, ich habe schon Oster-Deko für das Grab von meinem Engel gekauft. Ich habe so viele schöne Sachen gesehen. Das wird sicherlich ganz toll aussehen. Silvester steht auch schon vor der Tür und ich werde natürlich am Sonntag und auch am Montag (Silvester) zum Grab gehen. Hier Zuhause warten auch schon wieder Kerzen und ein Rosenstrauß, um zum Friedhof gebracht zu werden.

Außerdem haben wir endlich den Mond, welchen wir von meiner Mama geschenkt bekommen hatten, in das Kinderzimmer gehängt. Die Bilder, welche dort hingen, habe ich nun ausgetauscht und ich möchte das eine Bild umgestalten, sodass dort viele Sachen bezüglich meiner Schwangerschaft mit

Alisha zu sehen sind. Sollte irgendwann mal ein Geschwisterchen kommen, dann werde ich dementsprechend das andere Bild gestalten - aber bis es soweit ist, bleibt es leer. Alisha, süße Maus, wir lieben dich über alles auf der Welt und denken immerzu an dich. Schon bald sind wir dir wieder ganz nah und du bekommst wieder schöne Sachen von uns. Pass auf dich auf Prinzessin <3

Sonntag, 30. Dezember 2012
Friedhof der Kuscheltiere

Es macht mich traurig und fast ein wenig wütend, wie man ein Grab für die vielen kleinen Sternenkinder so zerstören lassen kann. Manche Bereiche des Grabes gleichen einem Kuscheltierfriedhof. Die Tierchen sind teilweise ohne Arme und Beine oder ohne Köpfchen. Manch eines ist so schmutzig, dass man nicht einmal erkennen kann, was es darstellen soll.

Das kann und will ich nicht so hinnehmen. Ich habe ein paar Kuscheltiere mit nach Hause genommen und gewaschen und nun erkennt man endlich wieder die kleinen Gesichter und die Farben. Jetzt lasse ich sie trocknen und packe sie anschließend in kleine durchsichtige Päckchen und lege sie wieder an ihren Platz. Es sind kleine Sachen oder Taten, welche großes Bewirken können. Die wundervollen Kinder haben ein schönes Grab verdient und das werden sie auch bekommen.

Alisha ich liebe dich über alles auf der Welt! Du bist die zauberhafteste Tochter, die man sich vorstellen kann ❤

Wir kämpfen für dich und deine Freunde, die anderen Sternenkinder.   ⁖*

Montag, 31. Dezember 2012
Silvester.. Ohne dich mein Engel

Hallo Prinzessin,

es ist Silvester. Eines neues Jahr steht vor der Tür. Es sollte unser Jahr werden. Wir hatten uns schon so sehr auf dich gefreut. Natürlich geht das Leben weiter, aber ich hasse diesen doofen Satz. Denn ist nichts, wie es war und es wird nicht wie jemals zuvor sein. Zumindest habe ich zwei wundervolle Erlebnisse in diesem Jahr gehabt. Zum Einen habe ich deinen tollen Papa kennengelernt. Mit ihm habe ich dieses Jahr soviel durchlebt und durchgestanden was manche nicht in 25 Ehejahren schaffen müssen. An dieser Stelle: Ich liebe dich mein Schatz und bin froh, dass es dich gibt. Ohne dich wäre dieses Jahr nicht zu packen gewesen.

Und zum Anderen habe ich dich kennenlernen dürfen und meine unendliche Liebe wächst auch über den Himmel hinaus und wird Tag für Tag noch stärker. Du bist meine wundervolle zauberhafte Tochter und ganz fest in meinem Herzen!

Papa und ich waren heute auch an deinem Grab und haben dir eine süße Giraffe und ein Glücksklee mitgebracht. Die gewaschenen Kuscheltiere der anderen Sternenkinder haben auch wieder, in durchsichtige Folie eingepackt, ihren Platz gefunden. Auch haben wir für dich und die anderen Sternenkinder Wunderkerzen angezündet. Ihr sollt diese doch auch sehen, es ist schließlich Silvester.

Liebe Sternenkinder, wir wünschen euch ein schönes Silvester-Fest im Himmel. Spielt schön miteinander und wacht auch im nächsten Jahr über eure Eltern, Schwestern, Brüder, Omas und Opas und Freunde. Wir hoffen, dass nächstes Jahr, eurer Sternenkindergrab schön wird. Wir werden für euch kämpfen.

Liebste Alisha, wir wünschen dir ein schönes Silvester zusammen mit deinen Sternenkinder Freunden und unseren liebsten verstorbenen Familienmitgliedern. Pass gut auf dich auf! Wir hoffen dir geht es gut im Himmel und du bist nicht zu traurig ohne uns. Wir vermissen dich ganz doll! Alisha wir lieben dich für immer und ewig!! Du bist unser wundervoller Engel <3

Sonntag, 6. Januar 2013
Ein weiterer Sonntag ohne unsere süße Maus

Hallo unsere süße Maus,

wieder neigt sich ein Tag zu Ende. Ein Tag, welchen wir nicht zusammen verbringen durften ... Wie so viele andere Tage auch. Es wäre so schön gewesen, hättest du bei uns bleiben dürfen. Wir vermissen dich jeden Tag, jede Stunde, Minute und Sekunde.. Du fehlst uns so sehr!

Heute war ich am Grab und habe dir wieder schöne Rosen mitgebracht und ein wenig aufgeräumt. Ein älterer Mann kam vorbei und fragte ganz vorsichtig, welche Kinder hier beerdigt liegen würden. Ich erklärte es ihm und er war sehr betroffen. Er war sehr nett. Ich finde es auch toll, dass er sich wirklich Gedanken um das Sternenkindergrab gemacht hat und er sich damit auseinandergesetzt hat und mich auch gefragt hat, um was es sich bei dem Grab genau handelt. Bald wird es wohl einen Zeitungsbericht geben und hoffentlich werden dann noch mehr Menschen auf das Sternenkindergrab aufmerksam. Ich glaube ganz fest, dass wir in diesem Jahr viel erreichen können und werden. Wir kämpfen für die Engel!

Diese Woche kam endlich mein bestelltes Paket mit ganz viel Window Color Farbe. Jetzt kann ich meinen Wunsch in die Tat umsetzen und für Alishas Ecke am Sternenkindergrab ein Mobile und ein Windrad basteln. Ich hoffe es wird sehr schön. Ich glaube am Besten kann man seine Liebe mit individuellen Sachen ausdrücken. Mir hilft das Basteln, es ist wohl meine Therapie, um mit dem Verlust unserer bezaubernden Prinzessin ein wenig zurechtzukommen. Ich mag es.

Alisha wir lieben dich, du bist das Wundervollste in unserem Leben und die bezauberndste Tochter im Himmel! Pass auf dich auf süße Maus!

Donnerstag, 10. Januar 2013
Ich vermisse dich

Hallo meine süße Prinzessin,

ich vermisse dich so sehr. Alles um mich herum nimmt seinen Lauf. Es scheint als sei nie etwas gewesen. Aber es ist nicht so. Ein Teil von mir ist zerbrochen, als du in den Himmel geflogen bist. Dieser Teil wird für immer kaputt und nicht mehr zu flicken sein. Äußerlich wirke ich stark und kämpfe für dich und die vielen Sternenkinder, innerlich bin ich zutiefst traurig und von einem unerträglichen Schmerz erfüllt, welcher mich manchmal sehr überwältigt.

Meine über alles geliebte Tochter, ich werde dich immer ganz fest in meinem Herzen tragen. Du bist meine Tochter, und auch wenn du so weit fort erscheinst, du bist mir immer ganz nah und für mich, bist und bleibst du für immer meine Tochter und geliebte Prinzessin.

Ich liebe dich Alisha, tausend Himmelsküsse zu dir mein Engel :***

Freitag, 11. Januar 2013
Alishas Gedenkecke des Sternenkindergrabes in der Zeitung

Ich bin gerade so gerührt. Aus Langeweile surfe ich im Internet herum und entdecke einen Bericht über die Familie Martin mit der wundervollen Petition, damit die Sternenkinder bald als Menschen gelten und diese blöde 500 g Grenze abgeschafft wird. Und ich lese den Untertitel unter dem Bild mit "einem Teddy auf dem Frankfurter Hauptfriedhof" und verwundert über diesen Titel, wollte ich das Bild anschauen. Denn ich wusste, dass die Familie Martin kein Kind in Frankfurt beerdigt hat. Und dann sehe ich tatsächlich die Ecke von Alishas Grab. Da wurde ein Bild gemacht und ausgerechnet die Ecke des großen Sternenkindergrabes ausgewählt, wo Alishas Teddy und die schönen Rosen stehen. Das Bild muss auch erst vergangene Woche gemacht worden sein, da ich in dieser Woche die Farben der Rosen ausgewählt hatte. Mensch, wie schön.. ich bin so gerührt <3 Ich habe nun auch entdeckt, dass einige Zeitungen dieses Bild von Alishas Ecke veröffentlicht haben <3

Alisha meine geliebte Prinzessin, ich liebe dich über alles auf der Welt <3

Mittwoch, 16. Januar 2013
Wunderschöne Zeitungsartikel ...

Ich bin von den Zeitungsartikeln begeistert. Zwei Zeitungen haben einen Bericht über das Sternenkindergrab veröffentlicht. In der einen Zeitung wurde auch hauptsächlich über unsere Pläne zur Verschönerung geschrieben. In der anderen Zeitung wurde über unsere Stille Geburt ein rührender Beitrag verfasst. Ich kann nicht beschreiben, was ich fühle, wenn ich unsere Geschichte von jemand anderen geschrieben lese. Ich bin ergriffen. Natürlich habe ich all dies erlebt, aber es von einem Außenstehenden zu lesen, ist einfach etwas anderes. Die Texte sind wundervoll.

Natürlich waren wir auch vergangenen Samstag und Sonntag wieder am Sternenkindergrab unserer Prinzessin und haben einen Korallenstrauch gepflanzt. Dieser soll auch den Winter überleben und würde im Sommer richtig schön aussehen. Ich bin sehr gespannt, ob unser weiteres Pflänzchen den Frost und Schnee packt. Aber ich bin da zuversichtlich und so kommt endlich mehr Farbe ans Sternenkindergrab. Ich bin so glücklich darüber, dass wir so viele schöne und liebe Zuschriften von Betroffenen und Gleichgesinnten bekommen haben. Das gibt Mut und Kraft weiter zu kämpfen. Zu kämpfen für unsere geliebte Tochter, zu kämpfen für die vielen wundervollen Sternenkinder. Wir geben nicht auf und lassen unsere Süßen nicht im Stich.

Alisha wir lieben dich über alles auf der Welt <3 Du bist für immer unsere bezaubernde Prinzessin und wir halten dich ganz fest in unseren Herzen <3 Egal wo du bist, du bist immer bei uns. Wir spüren deine Liebe durch die Wolken hindurch <3 Unsere Liebe wird uns drei immer verbinden! Wir lieben dich süße Maus :*

Samstag, 19. Januar 2013
Meine Gedanken sind am Sprudeln

"Liebe Alisha,

du fehlst uns so sehr. Jeder meiner Gedanken dreht sich um dich. Meine Gedanken, Wünsche und Pläne sind am Sprudeln. Ich komme immer wieder auf neue Ideen, welche ich sogleich in die Tat umsetze. Jetzt habe ich eine Nähmaschine gekauft und werde dann ab nächster Woche kleine Teddys nähen ect., welche Sternenkindereltern als Erinnerung an ihr Sternenkind im Krankenhaus erhalten sollen. Meist ist es so, dass die trauernden Eltern nach dem Krankenhausbesuch nichts in den Händen halten. Alles um einen herum gibt einem das Gefühl, dass nichts war. Aber es war nun mal nicht einfach nichts. Man hat ein Kind geboren. Man hat sein wundervolles Kind zur Welt gebracht. Und man geht allein nach Hause, der Bauch ist in ein paar Tagen oder Wochen weg und man hält nichts in den Händen. So ein kleiner Teddy ist in dem Sinn nichts Besonderes, aber vielleicht wichtig und wohltuend für das Gemüt, dass man etwas in den Händen hält - dass man etwas geleistet hat! Ein Zeichen dafür, dass dort im Himmel das eigene Sternenkind sitzt und über einen wacht.

Des Weiteren habe ich mir Wolle gekauft, damit ich mich darin versuchen kann, Sternenkinderkleidung zu erstellen. Die Klinikaktion der Schmetterlingskinder leiten dieses Projekt und es ist fantastisch. Vielleicht kann ich ein wenig unterstützen. Damit die kleinen Sternenkinder etwas zum Anziehen im Krankenhaus bekommen. Ich finde das wichtig. Wenn ich lese, dass manch Eltern nichts zum Anziehen für ihr Kind hatten bzw. von dem Krankenhaus nichts zur Verfügung gestellt wurde, stimmt mich dies traurig. So etwas darf nicht sein.

Ich erhalte wundervolle Unterstützung durch eine Firma, welche eine große Kugel für das Sternenkindergrab, bestehend aus Engeln und Sternen, herstellen wird. Ich freue mich darauf, wenn diese fertig erstellt wurde und dann das Grab für die vielen Engel schmückt. Morgen werde ich sodann alle Namen aufschreiben der Sternenkinder, welche ich so niedergeschrieben finde, und anschließend Sterneanhänger mit den entsprechenden Namen herstellen, welche dann rund herum um die Kugel aus Edelrost gehängt werden. Also, auch wenn sich ein „Zuständiger" quer stellt, es ist mir egal - denn du, meine süße Prinzessin und auch deine Freunde werden ein schönes Grab bekommen. Ich kämpfe dafür und werde dies umsetzen.

Meine süße Maus, ich hoffe dir geht es dort oben im Himmel gut und du spielst ganz viel mit den anderen Sternenkindern. Ich hoffe du musst nicht weinen, weil du nicht bei uns sein kannst. Irgendwann sind wir bei dir Spatz und dann gehen wir nie wieder von dir fort. Wir werden dich nie wieder loslassen.

Alisha wir lieben dich! Wir vermissen dich so sehr und wünschten du wärst bei uns. Pass auf dich auf und sei nicht traurig. Wir lieben dich für immer und ewig!"

Dienstag, 22. Januar 2013
Die tiefe Trauer in meinem Herzen

Hallo meine geliebte süße Maus,

wie du weißt, liebe ich dich so sehr. Und ich vermisse dich!!! Manchmal schnürt es meine Kehle zu, weil ich weiß, du bist fort und ich kann dich nie wieder zu mir zurückholen. Du bist dort oben im Himmel. Könnte ich dir mein Herz geben, ich würde es tun. Könnte ich dir die Kraft geben, ich würde sie dir geben. Könnte ich die Zeit zurückdrehen und dich wieder fühlen, ich würde es tun. Könnte ich dir mein Leben schenken, ich würde es tun. Lieber wäre ich in den Himmel geflogen als dich hab fliegen lassen müssen. Ich höre diese Woche so gerne das Lied "Skyscraper" von Demi Lovato und die ersten Zeilen drücken meinen Schmerz besonders gut aus "Der Himmel weint, ich schaue zu. Fange Tränen mit meinen Händen. Nur Stille, als es endet, so als ob wir niemals eine Chance gehabt hätten."

Warum durften wir nicht als Mutter und Tochter zusammen sein? Warum darf ich dich niemals in den Arm halten? Warum darf ich niemals mit dir reden? Warum darf ich dich nicht wachsen sehen? Warum darf ich dich nicht unterstützen? Es sind diese vielen Fragen, welche mir andauernd durch den Kopf fliegen. Ich wollte dich doch nur gesund und glücklich bei mir haben.. für immer!

Ich weiß dieser Schmerz wird für immer in meinem Herz sein, aber neben diesem Schmerz ist meine unendliche Liebe zu dir, welche mich am Leben hält und die Kraft gibt für dich zu kämpfen. Wärst du bei mir, hätte ich auch für immer für dich gekämpft und dich unterstützt. Wir haben gemeinsam lange in der Schwangerschaft gekämpft und jetzt kämpfe ich weiter. Ich kämpfe mit dir in meinem Herzen. Meine tiefe Liebe für dich ist ganz fest in meinem Herzen verankert.

Natürlich war ich auch letzten Sonntag wieder am Grab. Leider scheint jemand auf deine Gedenkecke getreten zu sein. Deine Häschen sind kaputt und auch dein Gedenkstern. Aber keine Sorge, ich habe schon einen neuen Hasen und ein Gedenkstern für dich.

Alisha ich liebe dich von ganzem Herzen und meine Liebe wird dich für immer tief in mir festhalten.

Donnerstag, 24. Januar 2013
Nähen und Basteln für Sternenkinder

Vielleicht habe ich ein neues Hobby für mich entdeckt. Nachdem ich die Idee bekam, Sternenkinderkleidung zu häkeln, habe ich mich um Wolle und Häkelnadeln, Faden und so weiter gekümmert und nach ein paar YouTube-Videos losgelegt und mein Bestes versucht. Ich bessere mich, auch wenn meine Häkelkünste noch etwas seltsam sind. Ich habe bisher bei allen meinen Kunststückchen lachen müssen, als ich das Endergebnis sah. Ein Teddy, der wie ein Schneemann aussieht, eine Eule, die einfach nur lustig aussieht. Aber immerhin gefällt es ein paar Menschen, und wie meine Mama sagte, es ist schon fast eine Kunst etwas so hinzubekommen:). Süß sind meine Sachen auf jeden Fall und sie bringen mich zum Schmunzeln.

Ich habe auch ein Kleidungsstück für ein Sternenkind gehäkelt und es gefällt mir sehr. Ich persönlich finde es schöner, als das, was Alisha angezogen bekam. Also wenn ich mit dem Kuscheltier-Häkeln nicht so begabt bin, beschränke ich es vielleicht auf die Sternenkinderkleidung. Der Gedanke, dass in einem gehäkelten Kleidungsstück vielleicht einmal ein Sternenkind liegt, hat irgendetwas Magisches. Man bekommt einfach das Gefühl etwas "Gutes" getan zu haben. Ich werde fleißig weiterüben.

Heute kam auch meine Nähmaschine und ich habe mich sogleich daran gesetzt und meine ersten Sachen genäht. Eine Nähmaschine nach Jahren zu bedienen, ist auch sehr gewöhnungsbedürftig. Aber mit der Zeit werde ich besser werden. Ich finde meine Eule und meine Katze auf jeden Fall schon einmal einen guten Anfang. Ich mag diesen bunten Mix der Farben und das Ausgefallene.

Ich möchte ein Erinnerungsstück für Eltern von Sternenkindern entwerfen. Etwas, was die Eltern bekommen, wenn sie solch ein schlimmes Erlebnis durchleben mussten. Damit sie etwas kleines Süßes im Krankenhaus erhalten und dann etwas in den Händen halten. Denn ich weiß, wie man sich fühlt. Ich habe das alles durchleben müssen. Man geht aus dem Krankenhaus heraus und hat nichts. Mit Glück Hand- und Fußabdrücke, aber auch dies wird in vielen Krankenhäusern laut Erfahrungsberichten von anderen betroffenen Frauen einfach vergessen.

Ich weiß noch nicht genau, welches das schönste Erinnerungsstück für die Sternenkindereltern sein wird, aber das wird sich sicherlich bald zeigen.

Alisha, meine süße Maus - ich liebe dich so sehr! Ich kämpfe für dich und die Sternenkinder.

Sonntag, 27. Januar 2013

Kleinste Hände..

„Kleinste Hände erschaffen das Größte - unendliche Liebe in unseren Herzen.." diese wenigen aber doch so bedeutenden Worte kamen mir heute Morgen in den Sinn, als ich aufgewacht bin.

Vor wenigen Stunden waren wir auf dem Friedhof und haben unsere Maus besucht. Alles liegt noch voller Schnee. Ich bin froh, wenn es die nächsten Tage wärmer wird und wir dann nächste Woche mehr hübsch machen können. Die letzten Tage habe ich die ersten Sterne für die Engelchen vom Sternenkindergrab gebastelt. Es fehlen noch einige Sternchen. Aber so nach und nach werde ich alle fertigbekommen. Ich habe auch einen kleinen Hasen genäht. Er sieht ganz putzig aus.

Auf dem Friedhof haben wir wieder ein paar neue Sachen hingestellt und natürlich rote Rosen mitgebracht. Es ist wichtig zumindest einen Ort zum Trauern zu haben, auch wenn mich dieser Ort aufgrund seines Erscheinungsbildes meist noch trauriger macht, als ich es sowieso schon bin.

Alisha unser wundervoller Engel und süße kleine Maus - wir lieben dich so sehr und denken immerzu an dich! Wir schicken tausend Küsse von deiner Mama und deinem Papa in den Himmel :**

Donnerstag, 31. Januar 2013
Endlich Geburtsurkunde für Sternenkinder!

Vor wenigen Minuten wurde das neue Personenstandsgesetz verabschiedet! Ich freue mich so sehr :)! Endlich kann ich eine Geburtsurkunde für meine Prinzessin erhalten, ich kann offiziell sagen, dass sie meine Tochter ist. Sie gilt endlich als Mensch! Der 31. Januar 2013 für mich ein ganz besonderer Tag. Liebe Mamis und Papis dies gibt es auch rückwirkend für eure Sternenkinder. Wenn ihr es möchtet, könnt ihr für euer Familienbuch einen Eintrag für euer Kind bekommen! Auch wird nicht wie angedacht der Vermerk "Fehlgeburt", sondern "Kind" stehen.

Was für mich jetzt nur noch zählt - wann kann das Standesamt die Geburtsurkunde ausstellen? Ich werde mich informieren. Liebe Familie Martin – vielen lieben Dank! Ihr seid wundervolle Menschen!

Alisha meine süße Maus, endlich ist es soweit! Ich freue mich so, dass es dich offiziell und nicht nur für mich und Papa gegeben hat. Du bist unsere wundervolle Prinzessin- für immer und ewig! :*

Sonntag, 3. Februar 2013
Schmetterlinge für Sternenkindereltern

Es ist schrecklich für Sternenkindereltern, wenn sie nach einer stillen Geburt oder Fehlgeburt das Krankenhaus oder den Frauenarzt verlassen, ohne etwas in den Händen zu halten. Die Zeit vergeht und die Erde dreht sich weiter, obwohl für einen selbst die Welt, das Herzchen, zerbrochen ist. Durch dieses schlimme Erlebnis bin ich auf die Idee gekommen auch Sternenkindereltern etwas mitzugeben, etwas was ihnen etwas Trost spendet und das Gefühl gibt, dass man mit seinem Kummer und seinem tiefen schrecklichen Schmerz nicht alleine ist. Deshalb nähe ich jetzt Schmetterlinge. Sobald ich eine bestimmte Menge fertig habe, werde ich diese in die umliegenden Krankenhäuser bringen. Damit Sternenkindereltern etwas in den Händen halten. Zu dem Schmetterling gibt es noch ein wunderschönes Gedicht.

Es wäre schön, wenn sich dies deutschlandweit verbreiten würde und Sternenkinder-Eltern einen kleinen Trostspender in den Händen halten dürfen.

Im Laufe der Woche kam auch die von mir bestellte Kugel aus Edelrost für das Sternenkindergrab an.

Die nächsten Wochen füllt sich dann die Kugel mit weiteren Sternchen von zauberhaften Sternenkindern. Sollte irgendwann vielleicht ein Gedenkstein für die Sternenkinder mit Haken errichtet werden, können die Sterne dann dort ihren Platz finden und an die wundervolle Kugel kann man süße Kleinigkeiten hängen. Sie ist wunderschön geworden.

Heute war ich wieder am Friedhof gewesen und habe die Kugel, wie man oben sieht, an das Sternenkindergrab gebracht. Auch habe ich süße Primelchen gepflanzt und es werden noch mehr Blümchen in den nächsten Monaten folgen.

Vielen Dank auch an alle lieben Menschen, welche bisher für unsere Petition ihre Stimme gegeben haben und noch geben werden. Ich bin euch sehr dankbar, dass ihr unseren Traum für ein schönes Sternenkindergrab unterstützt!

Ich habe schon mehrere Gespräche und Diskussionen über das Sternenkindergrab führen müssen. Nein, es ist nicht der richtige Weg, alle Erinnerungsstücke der Eltern wegzuwerfen und es "klinisch" zu gestalten. Nein, es ist nicht der richtige Weg, wahllos Sachen zu entfernen. Hier wird man mit Bürokratismus konfrontiert und die Menschlichkeit und das Verständnis fehlt. Eltern von Sternenkindern möchten Ihre Kinder am Grab besuchen. Sie möchten Blumen, Kerzen und Gedenksteine mitbringen. Wie sollen Eltern von Sternenkindern ihre Liebe ausdrücken, wenn dies verwehrt werden würde? Und wer hat das Recht dies betroffenen trauernden Eltern zu verwehren? Ich habe eine Erklärung unterschrieben, dass ich eine Bestattung meines Kindes dort wünsche. Diese Erklärung haben auch die anderen Eltern unterschrieben. Und bald erhalten wir alle rückwirkend eine Geburtsurkunde für unsere Kinder. Es sind unsere Kinder! Und da wir der Bestattung an diesem Ort zugestimmt haben, sind wir genauso berechtigt wie jeder Büromensch hinter seinem Schreibtisch eine Entscheidung zu treffen und haben ein Mitspracherecht wie unseren Kindern gedacht werden soll. Mir hat eine liebe Mama von einem Sternenkind geschrieben, welches auch dort beerdigt wurde. Sie schreibt "Es zerreißt mein Herz, wenn ich an diesen Ort gehe und den Zustand des Grabes sehe. Ich packe es nicht mein Kind regelmäßig zu besuchen, weil jeder Besuch ein Stich in mein Herz ist und mich zutiefst verletzt". Liebe Büromenschen - hätten Sie dort ihr Kind liegen und jemand würde daher laufen und Ihnen sagen "ab sofort dürfen Sie ihren Kindern nichts mehr mitbringen und nicht mehr ihre Liebe ausdrücken" - was würden Sie tun? Was würden Sie denken und fühlen?

Alisha wir lieben dich über alles auf der Welt. Wir wissen du bist unseren Herzen ganz nah und du spürst unsere tiefe Liebe bis zu dir da oben in den Himmel. Du bist unsere wundervolle

Tochter und bald haben wir dies auch schwarz auf weiß, worüber wir uns sehr freuen. Alisha, unsere Prinzessin, wir lieben und vermissen dich <3

Mittwoch, 6. Februar 2013
Ein kleiner Schritt auf einem langen Weg..

"Hallo meine geliebte kleine Prinzessin,

oft holen mich die Stunden ein in denen ich ganz besonders intensiv an dich denke. Ich kann nicht begreifen, warum uns dieses Schicksal zugeteilt wurde. Warum ich dich nicht bei uns haben darf. Viele Frauen, mit denen ich damals im Forum schrieb, halten mittlerweile ihre gesunden Kindern in den Armen. Ich sitze hier und halte nichts in meinen Händen. Ich hab dich nicht bei mir meine Süße. Ich halte dich in meinen Worten und Träumen. Ich halte dich ganz fest in meinem Herzen. Mama und Papa lieben dich Alisha <3"

Es erschien ein neuer Artikel in der Frankfurter Rundschau. Dieser war für mich persönlich nicht schön zu lesen. Es gefiel mir nicht, in welchem Licht die Petition und ich dargestellt wurden. Aber zum Glück habe ich liebe Menschen auf meiner Seite, welche mich unterstützen und die Petition für die wundervollen Kinder unterstützen. Innerhalb kürzester Zeit folgte ein unterstützender Leserbrief zu meiner Petition im Internet. Es tat so gut diese Worte zu lesen und nochmals Rückhalt und Zuspruch zu erfahren, dass ich auf dem richtigen Weg bin.

Unsere geliebte Alisha, wir werden alles dafür tun, damit du und deine wundervollen Freunde ein schönes Sternenkindergrab bekommen. Wir lieben dich Engel und du bist ganz fest in unseren Herzen - für immer und ewig.

Sonntag, 10. Februar 2013
Besuch meines Engels

Heute war ich wieder auf dem Sternenkindergrab und es war sehr kalt. Umso schöner, dass jetzt ein paar Sonnenstrahlen durch die Wolkendecke hervorschienen. Kann es nicht endlich ein richtiger Frühling sein? Auf die Gefahr hin, dass alle Blümchen kaputt gehen, habe ich dennoch heute wieder ein paar Blümchen gesetzt auf dem Sternenkindergrab. Es wirkt doch gleich ganz anders, wenn ein paar bunte Stellen hervorblitzen. Wenn sonst schon alles so kalt und trostlos wirkt. Zumindest gefällt mir meine kleine Ecke für meine Prinzessin. Das Jahr hat ja noch ein paar Monate um das Sternenkindergrab in einem neuen Licht erstrahlen zu lassen. In einem Monat ist dann der Zeichnungszeitraum für die Petition vorbei. Mal schauen, wie viele Unterschriften bis dahin noch zusammenkommen. Wir haben bereits jetzt über 800! Ein paar Unterschriften werden wir noch erhalten - da bin ich mir sicher. An für sich, sollen die Unterschriften doch nur zeigen, dass mehrere Menschen dafür sind, dass man sich überlegt wie das Sternenkindergrab für die Engel schöner werden kann und dann auch umgesetzt wird. Eine Arbeitsgruppe zur Aufrechterhaltung des sodann hoffentlich schönen gestalteten Grabes soll sodann tätig werden. Denn was bringt ein schöner Engellandeplatz, wenn ihn niemand pflegt. Ich würde auf jeden Fall tatkräftig mithelfen. Denn meine Tochter und diese wundervollen Engel haben doch nur das Beste verdient. Wenn sich noch mehr Helfer finden würden, wäre es perfekt! Bei vielen anderen Sternenkindergräbern gibt es Arbeitsgruppen aus betroffenen Eltern, welche dieses pflegen. Wenn das kleine Städte oder Gemeinden schaffen, dann wird es eine Großstadt auch packen An der Kugel aus Edelrost haben heute wieder ein paar Namenssternchen ihren Platz gefunden. Es wirkt freundlich und mit einem kindlichen Charme. Genau das, was dieses Sternenkindergrab unbedingt braucht.

Gestern habe ich wieder einige Schmetterlinge für mein Projekt "kleine Tröster für Sternenkinder-Eltern" genäht. Die nächsten Wochen kann ich dann das erste Paket an eine Klinik zum Verteilen an die trauernden Eltern geben.

Fast vier Monate ist es her, dass meine Prinzessin in den Himmel geflogen ist. Warum fühlt es sich so an, als sei es erst gestern gewesen? Wie kommen andere bloß damit zurecht? Nächsten Monat wäre der errechnete Entbindungstermin gewesen. Hier Zuhause wartet bereits ein Geschenk für meine Maus. Und ich werde noch einen Luftballon kaufen. Ich weiß auch schon genau welchen ich möchte. Er ist rosa und darauf steht "Princess". Jetzt müsste auch bald die nächste Bestattung von vielen kleinen wundervollen Sternenkindern stattfinden. Wo diese dann ihren Platz finden? Ob die Eltern auch gerne das Sternenkindergrab verschönert haben möchten?

Alisha meine süße Maus, ich liebe dich über alles auf der Welt. Du bist für immer meine Tochter und denke immerzu an dich. Ich hätte dich so gerne bei uns. Wir vermissen dich so sehr! Wir lieben dich <3

Samstag, 16. Februar 2013
Tausend Dank an alle unseren wundervollen Unterstützer

Wir haben schon fast 1.000 Unterschriften für unsere Petition und über 20.000 Homepage-Besucher erreicht. Gestern hatten wir unseren Besucher-Rekord-Tag mit 750 Besuchern. Wenn jetzt noch jeder Besucher unterschreiben würde, hätten wir einige Unterschriften zusammen. Aber, dass wir allein 1.000 Unterschriften packen, ist wundervoll! Tausend Dank, ihr macht uns sprachlos <3

Liebe Stadt, bitte lasst eine Veränderung zu. Liebe Stadt, bitte lasst uns gemeinsam ein schönes Sternenkindergrab schaffen. Liebe Stadt, bitte unterstützt die trauernden Eltern und helft ihnen um Trost und Geborgenheit zu erfahren.

Meine geliebte Tochter, meine kleine Prinzessin Alisha - du fehlst uns so sehr. Es ist so eine harte Zeit. Ob diese harte Zeit jemals vorübergeht, wissen wir nicht. Ob wir diese harte Zeit überstehen, wissen wir nicht. Wir wissen nur, dass wir dich lieben. Wir lieben dich so sehr und du fehlst uns. Du fehlst - jeden Tag, jede Minute, jede Sekunde. Nichts bringt dich uns wieder. Es gibt für uns keinen größeren Wunsch, als dich vom Himmel zu uns herunter zu holen und dich in unsere Arme zu schließen und nie wieder los zu lassen. Und doch wissen wir, dass wir diesen Wunsch niemals erfüllt bekommen können. Denn du bist fort, so weit weg und doch ganz nah. Warum kannst du nicht bei uns sein?

Alisha wir lieben dich für immer und ewig. In unseren Herzen wirst du bis zu unserem letzten Atemzug leben und danach sind wir endlich gemeinsam im Himmel und leben unser Leben als Familie.

Sonntag, 17. Februar 2013
Meine Prinzessin ganz nah bei mir ..

Heute war ich endlich wieder auf dem Sternenkindergrab. Ich warte 6 Tage die Woche auf den Tag, an dem ich meiner Prinzessin wieder ganz nah sein darf. Und heute war es wieder soweit. Ich habe meiner süßen Maus wieder schöne Rosen mitgebracht, ein Rosenstöckchen gepflanzt und Kerzen für die Sternenkinder entzündet. Alisha bekam heute auch ein kleines Huhn aus Keramik. Ich habe dieses gesehen und fand es so süß, dass ich es einfach kaufen musste. Mir geht es oft so. Ich gehe in einen Laden oder surfe im Internet und sehe etwas für meine Prinzessin. Die meisten Figuren und so weiter gehen ja relativ schnell kaputt und so ist es doch gut, wenn man immer wieder die Sachen etwas austauscht. Meine gesetzten Pflänzchen der letzten Wochen sprießen schon etwas und die ersten Knospen sind trotz des Frostes in den letzten Tagen schön sichtbar. Wie freue ich mich doch schon auf die richtige Frühlingszeit, wenn die Blumen "Hallo" sagen und alles etwas freundlicher aussehen wird. Ich habe schon einige Zwiebelchen in die Erde an die unterschiedlichsten Stellen gesetzt - demnach mal schauen, wo bald die ersten Knospen und Blätter sprießen. Ich habe auch noch ganz viele Blumensaaten Zuhause und freue mich darauf, wenn ich diese aussähen darf. Die meisten kann man ab März verwenden.

Ich habe auch am Wochenende wieder ganz viele Schmetterlinge für Sternenkinder-Eltern genäht. In den nächsten Wochen müsste wieder eine Beerdigung stattfinden, sodass ich mir überlegt hatte, den Klinikseelsorgern die Schmetterlinge mit dem Gedicht und den Infos zu übergeben. Diese könnten dann die Eltern in den Händen halten. Ich werde mal in der Klinik anrufen und nachfragen, ob dies ihnen gefallen würde. Wenn ich mich zurückerinnere an die Beerdigung.. ach, dieser Schmerz war unerträglich. Es war der schwerste Gang in meinem Leben. Als ich mit meinem Schatz die Straßen bis zum Friedhof entlang lief, es zersprengte mein Herz. Ich heulte und heulte und mir kam es so vor als könne ich mich nicht auf den Beinen halten. Es hat mir wahrlich den Boden unter den Füßen weggerissen. Man macht sich in diesem Moment so bewusst, dass man jetzt sein Kind zu Grabe tragen muss. Ich kann verstehen, wenn viele hiervor Angst haben und es nicht übers Herz bringen zu der Beisetzung zu gehen. Aber für mich war es wichtig und richtig. Ich finde es so wichtig einen Platz zu haben, an dem ich offiziell und richtig trauern darf. Wo ich nicht funktionieren muss, sondern einfach bei meinem Kind sein darf. Deshalb ist es umso wichtiger, dass dieser Ort für die trauernden Eltern tröstend ist. Ich glaube, ich wünsche mir nicht das Unmögliche. Ich wünsche mir das, was diese wundervollen Kinder und meine Tochter verdient haben. Ich kann meiner Tochter nicht mehr Liebe zum Ausdruck bringen als dafür zu sorgen, dass das Grab schön gestaltet wird und gepflegt ist. Es ist das Letzte, was ich für sie tun kann. Deshalb muss ich mein Möglichstes versuchen. Wie es in dem Lied von Demi Lovato (welches ich heute so gerne höre) heißt:

„Da ist nur ein Leben, was du leben kannst. Und da ist keine Zeit zu warten, zu verschwenden.."

Alisha meine süße Maus, ich liebe dich so sehr. Du bist für immer meine zauberhafte Prinzessin und ich trage dich tief in meinem Herzen und für jeden sichtbar auf meinem Körper. Ich liebe dich Alisha, meine geliebte Tochter <3

Samstag, 23. Februar 2013
Schicksal..

Gibt es so etwas wie Schicksal? Warum müssen manche Eltern so etwas Schreckliches erleben und ihr Kind in den Himmel ziehen lassen? Warum müssen Kinder sterben? Warum haben diese Kinder kein Recht auf ein Leben? Sollen uns diese schlimmen Erlebnisse etwas zeigen? Ich weiß es nicht.. ich kann es bis heute nicht verstehen. Warum musste meine Tochter in den Himmel fliegen? Wie wird mein weiterer Lebensweg aussehen, was werde ich noch erleben oder überstehen müssen? Muss ich irgendwann noch einmal das Gleiche durchmachen? Egal wie kurz oder lange es her ist, dass man sein Kind verloren hat. Ich glaube diese Fragen tauchen für immer auf. Man blickt in eine Zukunft voller Ängste, welche einfach da sind und einem Niemand nehmen kann. Dass meine Tochter in den Himmel fliegen musste, hat mein Herz in tausend Stücke zerbrochen. Liebe Menschen und vor allem mein Schatz sind an meiner Seite. Sie heben diese Stückchen auf und kleben sie wieder zusammen.

Die Spuren bleiben dennoch.. für immer.

Hallo meine geliebte Alisha,

ich weiß du bist bei uns. Du wachst über uns, wie ein kleiner bezaubernder Schutzengel. Ich verstehe nicht, warum wir nicht zusammen sein dürfen, aber ich weiß, irgendwann sind wir vereint. Wir vermissen dich so schrecklich. Es vergehen keine Tage ohne Tränen. Es scheint alles noch wie gestern gewesen zu sein. Ich kann mir nicht an den Bauch fassen, weil es mir dann sofort in den Kopf schießt, du bist nicht mehr da. Ich kann es einfach nicht begreifen. Aber ich glaube, ich muss es auch nicht begreifen und eine Erklärung finden, denn es gibt einfach keine. Ich liebe dich so sehr meine Prinzessin! Du bist für immer meine geliebte Tochter! Du fehlst einfach so sehr. Es wird nie einen Ersatz für dich geben! Alisha wir lieben dich über alles auf der Welt <3

Dieses Wochenende war ich natürlich wieder fleißig und habe viele Schmetterlinge genäht. Ich habe bereits Kontakt mit der Pfarrerin und der Schwester aufgenommen, welche die nächste Bestattung der Sternenkinder am 27.02.2013 begleiten. Ich würde ihnen gerne die Schmetterlinge übereichen, damit sie diese an die Sternenkinder-Eltern geben können. Damit die trauernden Eltern nicht nach Hause gehen und ausschließlich das Gefühl haben, ihr Kind verloren zu haben. Sondern mit dem Gedanken nach Hause gehen, ich habe mein Kind verloren, aber dieses ist nicht einfach verschwunden. Es lebt in den Herzen weiter und ist dort oben im Himmel und passt auf mich auf. Ich hoffe, dass sich die Frauen noch bei mir melden. Würde mich sehr freuen. Ansonsten gehen die Schmetterlinge dann in eine Klinik zum Verteilen. Eine Klinik hat hierzu schon sein Interesse bekundet. Ich bekomme hierfür natürlich kein Geld, es ist mir auch nicht wichtig. Ich möchte einfach anderen Menschen helfen.

Jetzt gehe ich gleich auf den Friedhof. Mein Schatz hat wunderschöne Rosen für unsere Prinzessin ausgesucht. Und ich habe eine Schieferplatte gestaltet, welche ich mitnehmen werde. Von mir aus könnte es ruhig aufhören mit diesem Schnee und einfach endlich warm werden. Da gehen meine ganzen Blümchen kaputt.

Alisha, unsere bezaubernde Prinzessin, wir lieben dich so sehr! Du bist und bleibst für immer in unseren Herzen und ein wesentlicher Bestandteil unseres Lebens <3

Neues Glück im Bauch?

Ach mein doofer Kreislauf, der hat mir die letzten Tage ganz schön zu schaffen gemacht. Und da ich dauernd aufs Klo rennen musste und ich auch einfach dieses Gefühl in mir hatte, habe ich heute Morgen 11 Tage nach dem Eisprung (ja ziemlich früh) getestet und der Test ist positiv. Jetzt wundert mich gar nichts mehr von dieser Woche, dass es mir fast hochkam, als ich einen bestimmten Essensduft in der Nase hatte und dass ich die letzten Tage so fertig war und nach der Arbeit nur noch schlafen wollte. Ich hatte das bei meiner Prinzessin fast genauso. Wobei, bei ihr war alles in verstärkter Version. Da musste ich viel mehr aufs Klo und den Kreislauf konnte man damals vergessen. Nur eine kleine Bewegung und mir schwarz vor Augen. Aber na gut, manche merken gar nichts in der Schwangerschaft und ich bin anscheinend sehr empfindlich auf körperliche Veränderungen.

Also herzlich willkommen kleines Gummibärchen in meinem Bauch. Deine Schwester wird sicherlich ganz doll die Daumen drücken, damit alles gut geht und du bei uns auf Erden bleiben darfst. Und wenn ich mir etwas wünschen darf: bitte, bitte, bitte keine Übelkeit! Alisha, meine Maus, drücke mit die Däumchen. Das war nicht schön gewesen. Ach so eine unbeschwerte Schwangerschaft ohne körperliche Probleme wäre doch wirklich klasse. Lieber nehme ich 20 kg zu, bevor ich wieder 9 kg wie in der letzten Schwangerschaft abnehme. Aktuell wiege ich 46,9 kg (dieses Mal halte ich alles fest, bevor das wieder ein Arzt vergisst). Aber ich habe zum Glück eine liebe Frauenärztin, welche mich toll begleiten wird. Und dieses Mal wird es ein Kaiserschnitt - nie wieder eine normale Geburt.

Jetzt gehe ich erst mal wieder aufs Klo ;).. und dann fahre ich in die Stadt und verteile ein paar Flyer für die Petition und vielleicht bekomme ich dadurch noch ein paar Unterschriften. Denn auch wenn viele Menschen denken, dass man sein Kind vergisst, wenn etwas Neues im Bauch wächst - nein! Niemals!

Ich möchte meinem Gummibärchen von Anfang an immer ehrlich sein, und auch wenn es die ersten Jahre nicht begreifen würde, warum es eine Schwester im Himmel hat, so wird es doch verstehen, dass da oben im Himmel etwas ist. Ein Teil von einem Selbst. Ich möchte dann jede Woche auf den Friedhof gehen und mein Gummibärchen mitnehmen und alles zeigen und erzählen. So wird es zur Gewohnheit und das Kind kennt es gar nicht anders und sieht es als "normal" bzw. selbstverständlich an.

Im 5. Zyklus nach der Stillen Geburt hat es also bei uns geklappt. Der Papa weiß noch nichts von seinem Glück, aber er wird natürlich als erste Person etwas erfahren. Ich glaube, ich schaue Mal, womit ich ihn überraschen kann. Dieses Mal soll es eine andere Überraschung als letztes Jahr werden. Der Mutterschutz würde schon am 21.09.2013 beginnen.. das klingt so früh, so bald, so schnell.. Wahnsinn. Naja, dann hab ich ja noch genug Zeit, um alles perfekt zu bearbeiten.

Am 03.08.2013 habe ich einen Frauenarzt-Termin. Eigentlich habe ich diesen schon vor Wochen vereinbart, weil ich anhand meiner Tempi-Kurve dachte, ich habe keinen Eisprung mehr und auch mein Gelbkörperhormon war die letzten Zyklen nicht wirklich aktiv. Dieses Mal war es anders und es hat tatsächlich geklappt!

Sonntag, 24. Februar 2013
Schwanger :)

Ja ich bin schwanger. Ich kann es irgendwie immer noch nicht glauben, dass ich wirklich ein Gummibärchen in mir haben soll. Ich konnte letzte Nacht nicht schlafen, weil ich die ganze Zeit überlegt habe, ob ich heute noch einmal mit meinem gekauften digitalen Schwangerschaftstest teste. Ich musste letzte Nacht dauernd aufs Klo - kenne ich noch von der Schwangerschaft mit meiner Prinzessin. Da war dies ganz genauso. Ich habe getestet und hier steht tatsächlich "Schwanger". Wahnsinn.. und dass das Ergebnis so eindeutig und schnell kam, obwohl ich erst bei ES + 12 Tage (12 Tage nach dem Eisprung) bin und der Test kein Frühtest sondern ein 25er ist - Wahnsinn. Ich habe heute auch noch einmal einen Billigtest gemacht gehabt und dieser hat ewig mit dem Ergebnis gebraucht - da war der Digitale viel schneller. Und man hat natürlich den Vorteil, dass man nicht einfach etwas in Striche interpretieren kann - denn schwanger ist schwanger und da gibt es nichts daran zu rütteln. Ach, wie hibbelig ich letzte Nacht war. Ich habe kaum eine Auge zubekommen und wollte einfach nur mit dem digitalen Tester das Ergebnis herausfinden.

Später sage ich es dann meinem Schatz, wenn er von der Arbeit nach Hause kommt :). Ich habe Babyschühchen gekauft und diese bekommt er in einer Tüte mit dem positiven Test. Und das ausgerechnet bei dem Zyklus, wo mir alles egal war und ich extra kein Mönchspfeffer genommen habe, weil ich dachte, es bringt eh nichts. Ich habe mir noch einen Frauenarzt-Termin geben lassen, weil ich dachte, ich könne nicht mehr schwanger werden und jetzt wird mir wohl in zwei Wochen meine Schwangerschaft bestätigt werden. Da bin ich erst in der 6. Schwangerschaftswoche. Ist Wahnsinn, welche Intuition Frauen haben. Dass manche Frauen einfach spüren, dass sie schwanger sind. Ich bin heute erst in der 5. Schwangerschaftswoche - das entspricht 4 Wochen + 1 Tag. Bis diese "bösen" 12 Wochen um sind, dauert es noch bis Mitte April und wir haben erst Februar ... Himmel.. wie schlimm diese Zeit wird. Aber bitte da oben im Himmel, bitte verschone mich von dieser Übelkeit.. bitte, bitte, bitte :)! Und dann schreibt noch so eine Frau aus dem Forum "hoffentlich beißt es sich richtig fest" - danke, so etwas will ich jetzt nicht hören. Ich brauche Hoffnung!

Was mich heute Morgen leider etwas traurig gestimmt hat, der errechnete Entbindungstermin fällt auf den 2. November 2013. Ich möchte einen Kaiserschnitt, und wie ich gelesen habe, wird dieser ca. 14 Tage vor dem errechneten Entbindungstermin durchgeführt. Und nun habe ich festgestellt, dass 14. Tage vor dem errechneten Entbindungstermin, der Todestag meiner Alisha ist.. ich verstehe das nicht. Es gibt 365 Tage im Jahr, warum muss es dieser Tag sein? Hat es eine Bedeutung, ist es ein Zeichen? Vielleicht ein Zeichen von Alisha? Warum dieser Tag?

Ich freue mich sehr über die Schwangerschaft, aber ich bin innerlich sehr ängstlich. Ich hoffe es kommt eine wunderschöne Kugelzeit auf mich zu und, dass ich dann im Oktober bzw. November mein gesundes Kind in den Armen halten darf.. aber bis es soweit ist, wird es schwer.

Alisha wir lieben dich so sehr! Du bekommst ein Geschwisterchen, ich hoffe du drückst uns fest die Daumen und passt auf uns drei hier unten auf. Wir vermissen dich so sehr! Wie schön wäre es, wenn du bei uns wärst <3

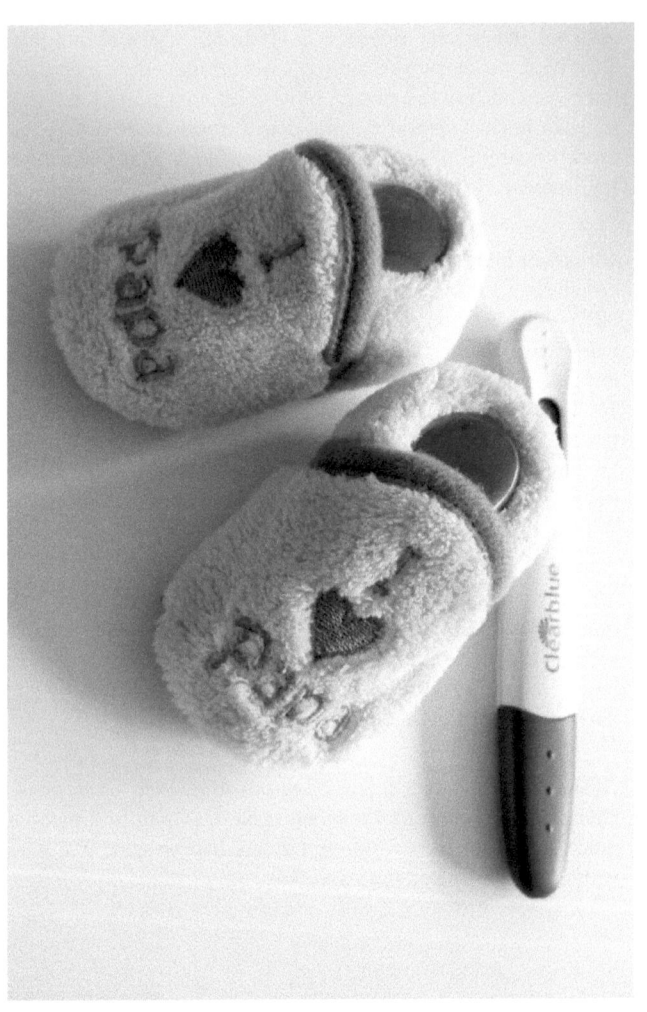

Dienstag, 26. Februar 2013
Schmetterlinge für Sternenkinder-Eltern

Leider verlassen viele kleine Kinder viel zu früh die Erde und fliegen in den Himmel. Kinder, welche zu klein, zu schwach oder zu krank zum Leben waren. Ich stelle mir diese Kinder gerne als Engelchen vor. Unsere Kinder sind unvergessen. Tief in unseren Herzen und auch wenn sie noch so weit fort erscheinen, sind sie uns doch ganz nah. Ich glaube meine Prinzessin ist nun mein kleiner Schutzengel. Für meine Familie, Freunde und mich. Ich glaube, sie hört mich. Ich glaube sie sieht, wenn ich weine. Ich glaube, sie spürt den unendlich tiefen Schmerz des Verlustes und des Vermissens. Ich glaube, sie sieht es, wenn ich sogar manchmal bei dem Gedanken an sie grinsen muss. Wenn auch selten, gibt es solche Momente, wo ich über Alisha reden kann und dabei für einen Moment "Glück" verspüre. Jeder Moment, welchen ich mit meiner Süßen hatte, war pures Glück. Es war einfach wunderschön, auch wenn alles darum herum wahnsinnig schmerzhaft, schwierig und nervenzerreißend war. Egal wann man sein Kind verliert, egal warum man sein Kind verliert - die eigene Welt zerbricht und man fühlt sich allein, voller Trauer und schmerzerfüllt und weiß einfach nicht mehr weiter. Manche trauern für sich im Stillen und weinen die ganze Nacht hindurch, andere trauern sehr offen. Es ist total unterschiedlich und dennoch verbindet uns Sternenkinder-Eltern eines: die unendliche Liebe zu unseren Kindern im Himmel. Unsere wundervollen Kinder sind für immer unvergessen, und auch wenn man viele Ratschläge und so weiter von der Familie und Freunden erhält, es gibt nichts um ein Kind zu ersetzen. Auch die Trauer bleibt ein Leben lang. Ich glaube sie wird nicht weniger, aber man akzeptiert damit leben zu müssen. Auch 4 Monate nach dem Tod meiner Prinzessin weine ich fast täglich. Vielleicht brauche ich das auch einfach. Ich muss meine Gefühle raus lassen. Wenn ich weine, sage ich mir immer "Jede Träne, die ich weine, zeigt die unendliche Liebe zu meiner Tochter. Und sie spürt dies bis in den Himmel." Die letzten Tage haben mein Schatz und ich 80 Schmetterlinge genäht. Wie mit der Klinikseelsorge besprochen, welche die Sternenkinder-Bestattung am morgigen Tage begleiten, werden die Schmetterlinge an die Sternenkinder-Eltern verteilt. Die Schmetterlinge sind in vielen verschiedenen Farben und Mustern, so hoffe ich, dass für jeden der richtige Schmetterling in Gedenken an das geliebte Kind dabei ist. Für meine Maus habe ich mir auch einen gemacht. Ich weiß wie man sich vor der Beerdigung und gleichwohl danach fühlt. Ich weiß, wie es mein Herz in gefühlte tausend Stücke zerrissen hat, als wir unsere Prinzessin "zu Grabe" tragen mussten. Ich fand es sehr gut, dass ich zumindest diese Möglichkeit der Bestattung bekam. Ich brauche diesen Ort und ich wünsche mir die Verschönerung für diesen Ort, denn ist das Letzte was ich mir für meine verstorbene Tochter wünschen und was ich für sie tun kann. Die Sternenkinder haben einfach ein schöneres Grab verdient.

Ich bibber quasi mit, wenn ich an die trauernden Eltern denke, welche diese Nacht schlecht schlafen werden und morgen diesen schweren Weg gehen werden. Mir persönlich tat das Abschiednehmen gut, auch wenn ich mich danach leer und kraftlos gefühlt habe. Vielleicht nehme ich aus meiner Trauer und diesem schrecklichen Schmerz die Kraft, für die Kinder zu kämpfen? Ich wirke äußerlich stark, aber innerlich bin ich es nicht. Ich bin sehr verletzlich und nehme mir vieles zu Herzen. Es ist nicht einfach, für niemanden.

Donnerstag, 28. Februar 2013
Ich fühle mich so leer...

.. so verzweifelt und hilflos. Gestern hatte ich furchtbare Kopfschmerzen. Ich las noch, dass dies viele werdende Mamis aufgrund der Hormonflut in der Frühschwangerschaft haben und hielt die Kopfschmerzen irgendwie durch, auch wenn ich über Nacht das Gefühl bekam, mich bald vor lauter Schmerzen übergeben zu müssen. Ich nahm keine Tablette, um meinem Kind im Bauch keinen Schaden zufügen zu können. Jetzt liege ich auf der Couch und warte und warte.. doch auf was warte ich?

Heute Morgen nach dem Aufwachen stellte ich leichte Blutungen fest.. geschockt und unendlich traurig packte ich meinen Mutterpass aus der Erinnerungskiste von Alisha und fuhr zu meiner Frauenärztin. Die ersten Daten.. der errechnete Entbindungstermin - 02. November 2013 wurden vermerkt.. Dann kam ich zur Ärztin, welche mich begrüßte: "Wie schön, Sie haben mir freudige Nachrichten mitgebracht".. Ich sprach zu ihr: "Nein, ich glaube nicht". Ich teilte ihr mit, dass ich 5 positive Tests mittlerweile gemacht habe und seit gestern Kopfschmerzen und heute Morgen leichte Blutungen habe. Sie untersuchte mich. Auf dem Ultraschall sah sie noch nichts - kein Wunder, denn ich befinde mich erst Ende der 5. Schwangerschaftswoche. Ich solle mich die nächsten Tage schonen und im Bett liegen bleiben und nur wenn nötig aufstehen. Ich solle viel Magnesium nehmen um vielleicht eine Fehlgeburt "verhindern" zu können. Meine Ärztin meinte, ich soll wieder zu ihr kommen, sofern ich stärkere Blutungen oder Schmerzen bekomme, ansonsten würde mein Termin nächste Woche bestehen bleiben und wir würden uns dann noch einmal sehen.

Jetzt liege ich hier auf der Couch, schaue es dem Fenster, sehe den trüben Himmel und fühle mich leer. Ich weiß nicht was ich tun soll. An für sich kann ich nichts tun und dieses Gefühl ist schlimm. Ich würde meinem Gummibärchen im Bauch gerne irgendwie helfen. Ich will es doch bei mir haben. Nachdem ich so schreckliches Leid mit meiner Tochter Alisha erfahren musste, warum ist mir kein Kind vergönnt? Warum lässt Gott nicht zu, dass mein Schatz und ich ein Kind haben dürfen? Wir wünschen es uns doch so sehr. Jetzt haben wir wieder 5 Zyklen dafür gebraucht schwanger zu werden und uns über den positiven Test gefreut und jetzt das? Ich begreife es einfach nicht. Auch wenn ich noch schwanger bin, ich habe dieses Gefühl, dass es "vorbei ist".

Jetzt liege ich hier und warte.. warte ich darauf, dass es aufhört? Dass es stärker wird? Ich wünsche mir natürlich sehr, dass die Blutungen aufhören und es meinem Kind in Bauch gut geht, aber irgendwie ist meine Hoffnung davon geflogen. Wohin.. keine Ahnung. Wofür haben wir das verdient? Warum habe ich nicht das Recht eine glückliche Mami zu werden? Warum darf ich kein Kind haben? Ich liebe doch so sehr Kinder! Für mich gibt es nichts schöneres. Erst muss ich meine Alisha in den Himmel fliegen lassen und dann starte ich eine neue ängstliche Schwangerschaft und bekomme gleich zu Beginn solche Nachrichten übermittelt. Bekomme gesagt, dass ich vermutlich mein zweites Kind verlieren werde. Alisha meine süße Maus, du bist unser kleiner Schutzengel im Himmel. Bitte drücke fest die Daumen, dass dein Geschwisterchen auf Erden bleiben darf. Ich will nicht noch ein Kind verlieren.. wie sollte ich das nur verkraften können? So komme ich doch schon kaum mit deinem Verlust klar.. und jetzt soll dein Geschwisterchen auch in den Himmel fliegen? Ach Alisha, wärst du doch nur bei uns.. wir haben uns doch einfach nur ein gesundes Kind auf Erden gewünscht. Mehr wollen wir doch gar nicht.. ein gesundes Kind auf Erden. Alisha wir lieben dich über alles auf der Welt!!! Das weißt und spürst du sicherlich.. wir werden dich immer tief in unseren Herzen tragen dich immer lieben!!! Du bist unsere geliebte Tochter <3

Jemie ist jetzt bei Alisha

Es wäre doch zu schön gewesen, dürfte ich zumindest ein gesundes Kind auf Erden haben. Heute Mittag habe ich mir noch Namen angeschaut, welche sowohl für einen Jungen als auch für ein Mädchen gepasst hätten. Ich möchte nicht, dass mein zweites Kind einfach nur eine "Fehlgeburt" ist. Es ist Jemie. Ich mag diesen Namen einfach. Ich habe mir vorgestellt, dass Jemie als Jungenname, dieser sicherlich ein kleiner Lausbub wäre und für ein Mädchen, eine kleine aufgeweckte Maus.

Ich habe vor wenigen Stunden so starke Blutungen bekommen, dass mir klar ist, dass wieder alles vorbei ist. Da macht man sich schon viele Gedanken. Ob ich etwas falsch mache? Warum bin ich nicht in der Lage auch nur ein einziges gesundes Kind zu zeugen? Warum???

Auch wenn ich Angst hatte, ich hatte gehofft, dass alles gut geht. Und jetzt habe ich mein zweites Kind im Himmel. Ich wollte eigentlich nur ein einziges gesundes Kind in die Welt setzen und jetzt war ich schon zwei Mal schwanger und meine beiden Kinder sind gestorben.. warum???

Puh, ich bin noch zu geschockt um etwas Großartiges zu schreiben.. ich finde selbst nicht die richtigen Worte für diesen Schmerz.

Alisha meine süße Maus, ich liebe dich so sehr. Bitte pass auf dein Geschwisterchen Jemie im Himmel sehr gut auf. Ihr werdet jetzt sicherlich viel gemeinsam spielen können. Ich liebe euch meine Süßen. Ich liebe dich Alisha, ich liebe dich Jemie <3

Sonntag, 3. März 2013
Ein frühlinghafter Sonntagabend

Dieses Wochenende war das Wetter schon sehr mild und die ersten Sonnenstrahlen kamen heraus. Man fühlt sich sogleich wie im Frühling. Ein Frühling beginnt, es sollte ein Frühling mit meiner Alisha werden. Wäre sie wohl schon auf der Welt? Oder wäre sie noch in meinem Bauch und ich würde ihre Tritte und ihr Boxen spüren? Die Zeit vergeht und ich habe meine Kinder nicht bei mir. Sie sind dort oben im Himmel. Das Einzige was bleibt sind die Erinnerungen und die unendliche Liebe, welche durch die Wolken hindurch zu meinen Kindern zu spüren sein wird. Gerade eben haben wir eine Kerze für unsere Süßen im Himmel angezündet und draußen auf das Fensterbrett gestellt. Das Glas haben wir zuvor mit den Namen Alisha und Jemie und einer Sonne und einem Herzen bemalt. Nun steht es dort auf dem Fenster und ich sehe das Licht, wenn ich nach draußen schaue. Unsere Kinder werden dieses Licht sehen und spüren wie sehr wir sie lieben, vermissen und an sie denken. Wir sind für sie da, auch wenn sie so weit von uns entfernt sind. Egal wo sie sind und was sie machen, wir werden immer da sein und sie sind immer bei uns. Wir sind eine Familie.

Gestern sowie heute waren wir auf dem Sternenkinder-Grab. Ich habe bezüglich des Treffens zur gemeinschaftlichen Pflege des Sternenkindergrabes einen Zettel auf die Bank am Grab geklebt. Gestern sprach ich mit einer Mama, welche vor vier Jahren ihre Tochter verloren hat und dieses Mädchen ist auch dort beerdigt. Seit vier Jahren besucht die Mama jede Woche das Sternenkinder-Grab. Sie möchte bei dem Treffen dabei sein. Und auch heute sprach mich eine Frau an und sie möchte auch gerne mithelfen. Auf dem geklebten Zettel am Sternenkindergrab standen ein paar schöne Worte.. das macht Mut und Hoffnung auf ein schönes Ende und ein schönes Sternenkindergrab für diese wundervollen Kinder und meine Tochter Alisha. Wir haben ein paar Pflänzchen gesetzt.. diese bunten und frühlingsbringenden Blumen machen alles freundlich und kindlich. Letzten Mittwoch war eine weitere Bestattung der Sternenkinder und mir ist ein süßer Kuscheltieraffe in die Augen gestochen. Total süß! Und es wurden von den Eltern wunderschöne Blumensträuße und Blümchen mitgebracht - wunderschön!!!

Gestern habe ich eine Kerze für Jemie und Alisha gestaltet, diese brennt im Wohnzimmer und steht auf meiner Gedenkecke. Ich habe mir nun auf für Jemie ein Tattoo stechen lassen. Einen Schmetterling und "Jemie". Der Schmetterling für Jemie ist ganz in der Nähe meines ersten Tattoos. Mein erstes Tattoo ist auch ein Schmetterling, welches ich für meine verstorbene Oma damals hab stechen lassen. Wir mochten beide sehr gerne Schmetterlinge und ich hatte als Kind ein wunderschönes Buch mit den verschiedenen Schmetterlings-Arten geschenkt bekommen. Meine Omi und Jemie flogen wie ein Schmetterling davon und sie sind tief in meinem Herzen. Für Alisha habe ich bisher ihren Namen und der errechnete Entbindungstermin am Handgelenk stechen lassen. Es ist sehr offensichtlich und ich mag es. So sehe ich immer wieder ihren Namen und mir tut das einfach gut. Und am Fuß ist noch der Rosenkranz für Alisha. In den nächsten Monaten soll aber dann noch der große Engel auf meinem Rücken für meine Prinzessin folgen. Ich hatte dieses Bild gesehen und musste sofort daran denken: So stelle ich mir meine Alisha im Himmel als Engel vor. Deshalb ist dieses Bild perfekt für mich. Jeder geht mit seiner Trauer anders um. Ich gehe sehr offen damit um. Es sind meine Kinder und das kann jeder wissen und sehen. Ich habe auch für meine zwei Engel Bilder gestaltet. Es hilft mir mich künstlerisch auszuleben in Gedenken an meine Süßen.

Meine geliebte Alisha, ich hoffe du siehst dieses Licht am Fenster und siehst, dass ich da bin. Ich bin hier und denke an dich. Ich bin hier und ich vermisse dich. Ich bin hier und ich liebe dich - von ganzem Herzen. Du wirst für immer unsere bezaubernde Tochter sein, auch wenn du nicht bei uns sein darfst.

Mein geliebtes Engelchen Jemie, ich hoffe du weißt, wie gern wir dich bei uns gehabt hätten. Die Freude war uns nur so kurz gegönnt, aber wir hatten uns sehr auf dich gefreut! Wir hätten niemals geglaubt, dass wir auch dich zu Alisha in den Himmel fliegen lassen müssen. Du wirst für immer unser kleines Engelchen sein, auch wenn wir dich nicht kennenlernen durften, du bist unser Engelchen Jemie.

Sonntag, 10. März 2013

Flaschenpost für Sternenkinder

Heute gab es für meine Engel Flaschenpost. Ich habe einen Brief an meine Prinzessin Alisha geschrieben und einen an Engelchen Jemie. Jetzt schwimmen die Briefe im Wasser und werden vermutlich ganz lange unterwegs sein. Ob sie irgendwann aufhören zu schwimmen? Ob die Flaschen von irgendjemanden gefunden werden? Werden die Flaschen gemeinsam schwimmen oder werden sich irgendwann ihre Wege trennen? Ich habe meine Anschrift hinterlassen, denn vielleicht findet irgendwann jemand meine Flaschenpost auf der anderen Seite der Welt und schreibt mir dann? Vielleicht werde ich auch nie eine Rückmeldung erhalten.. vielleicht schwimmen die Flaschen Jahre umher. Oder nur wenige Tage, Wochen oder Monate.. wer weiß. Ob viele Menschen auf der Welt eine Flaschenpost machen und auf eine Antwort warten?

In einer Woche ist der errechnete Entbindungstermin von Alisha. Es ist schrecklich, dass sie nicht bei uns ist und wir sie nicht bei uns haben dürfen. Irgendwie ist dieser Tag ein besonderer Tag für mich und ich möchte ihn so verbringen, auch wenn ich wahnsinnig traurig sein werde, als habe Alisha an diesem Tag Geburtstag. Sie wird einen kleinen Geburtstagsluftballon bekommen.

Meine geliebte Alisha und mein süßes Engelchen Jemie ich liebe euch über alles auf der Welt. Wir vermissen euch so sehr und denken immerzu an euch. Wir lieben euch unsere wundervollen Kinder<3

Mittwoch, 13. März 2013
Ehrenamtliche Helfer für das Sternenkindergrab in Frankfurt gesucht

Noch wenige Tage läuft die Petition zur Verschönerung des Sternenkindergrabes am Frankfurter Hauptfriedhof. Bei dem Treffen vergangenen Freitag mit dem Grünflächenamt, Vereinen und Unterstützern wurde klar, dass das Sternenkindergrab einer Überarbeitung bedarf. Auch sollen vergängliche Grabgeschenke 1-2 Mal im Jahr abgeräumt und für die Eltern zum Abholen aufbewahrt werden.

Meine geliebten Kinder, ich liebe euch über alles auf der Welt <3. Nichts und niemand bringt euch mir wieder. Aber ihr seid tief in meinem Herzen. Ich denke immerzu an euch. Meine Gedanken sind die ganze Zeit, jede Sekunde bei euch. Ihr habt unser Leben verändert. Noch nie durfte ich solche große Liebe und Verbundenheit erfahren und noch nie verspürte ich solch einen schrecklichen Schmerz durch unseren Abschied. Den Abschied zwischen Erde und Himmel. Ihr seid dort oben, wir sind hier unten. Warum dürfen wir nicht zusammen als Familie sein? Wir lieben euch! Wir lieben dich so sehr Alisha! Wir lieben dich Jemie! Ihr fehlt uns so unendlich sehr <3

Freitag, 15. März 2013
Das unendliche Vermissen

Es schmerzt so sehr. Der Tag steht bevor, an dem Alisha geboren werden sollte. Als kleines, süßes, gesundes Mädchen. Ich wollte sie so gerne in meiner gedanklichen Wunschklinik entbinden, wo ich vor ein paar Jahren gearbeitet hatte. Ich fand dort damals das Essen so lecker. Und ich fühlte mich einfach wohl. Und ich habe seither den Wunsch gehabt, in dieser Klinik einmal mein Kind zu gebären. Doch leider kam alles anders. Meine Prinzessin starb und ich konnte nichts dagegen tun. Ich konnte ihr nicht helfen. Ich hätte doch alles für sie getan..

Jetzt sitzt meine Prinzessin dort oben im Himmel und wird auf mich herabsehen. Wird sie stolz auf ihre Mama und ihren Papa sein? Wünscht sie sich auch so sehr, dass sie bei uns sein dürfte? Wir hätten sie so gerne bei uns. Ich würde alles tun. Gäbe es eine Möglichkeit sie zu uns auf die Erde zu holen, ich würde alles tun! Absolut alles! Für sie würde ich meinen letzten Tropfen Blut spenden. Mein letztes Tuch geben, wenn nötig auf der Straße leben. Ich würde alles tun!

Warum musstest du gehen?

Komm doch bitte einfach zurück zu uns! Bleib bei uns! Wir lieben dich so sehr! Du warst so eine wunderhübsche kleine Maus. Deine Nase, deine Augen, dein Mund.. das süßeste Kind auf der Welt.

Auch wenn du nicht mehr hier bist. Du hast unser Leben komplett verändert. Du hast einen anderen Menschen aus mir gemacht. Früher fiel es mir schwer meine Gefühle zu zeigen, jetzt tue ich es einfach. Ich verstecke mich hinter keine Fassade. Lasse meine Gefühle raus. Sage was ich denke, tue, was mein Herz tun möchte und gehe, wohin mich mein Weg führt. Ich wage manches, weil ich nichts zu verlieren habe. Das Wichtigste in meinem Leben habe ich bereits verloren, das warst du, ich kann nichts mehr verlieren. Ich werde in meinem Leben keinen größeren Schmerz mehr empfinden können und auch keine größere Liebe als zu dir mein Kind. Ich liebe dich so sehr! Du bist das Wundervollste, was ich je erleben, sehen und spüren durfte. Du fehlst deiner Mama so sehr. Und du fehlst deinem Papa auch wahnsinnig. Jeden Schritt, welchen wir gehen, wird von dir begleitet. Du bist bei uns.. wir spüren es. Wir sind die stolzesten Eltern überhaupt, weil du so hart gekämpft hast und uns jeden Tag gezeigt hast, wie sehr du bei uns sein möchtest. Wie sehr du leben möchtest - bei uns!

Alisha wir lieben dich für immer! Du bist das wundervollste Mädchen, eine zauberhafte Kämpferin und die beste Tochter im Himmel, welche man sich vorstellen kann.

Alisha wir lieben dich!!! Pass auf dein Geschwisterchen Jemie gut auf und ich hoffe ihr spielt schön gemeinsam im Himmel. Wir lieben euch! Wir lieben euch - Alisha und Jemie <3

Sonntag, 17. März 2013
Happy Birthday Prinzessin Alisha

Meine geliebte Maus, heute wäre dein Geburtstag. Happy Birthday Alisha <3! Du bist eine ganz zauberhafte und wundervolle Prinzessin im Himmel und wir hoffen du hast einen wunderschönen Tag mit Jemie und unseren Liebsten, welche bereits von uns gehen mussten.

Es schneit draußen so stark. Das finden wir doof, denn wir haben doch so schöne Sachen für dich. Aber da kann man nichts machen. Kinder mögen ja Schnee und vielleicht schüttelst du sogar die Wolken für uns, als Zeichen "Mama, Papa - ich bin immer da. Egal wo ihr seid."

Die Vorstellung, dass du jetzt bei uns wärst, schmerzt so sehr. Was wir alles durchstehen mussten und wie sehr wir gekämpft haben, und dennoch bist du nicht hier. Du durftest nicht zu uns kommen. Du durftest kein gemeinsames langes Leben mit uns führen. Aber wir sind um jede Sekunde, die wir mit dir verbringen duften, unendlich dankbar. Es waren wundervolle und kostbare Sekunden. Du bist das Kostbarste in unserem Leben. Du bist es, die dafür gesorgt hat, dass anderen Menschen die uns zu anderen Menschen gemacht hat! Du bist es, die uns gezeigt hat, was unendliche tiefe Liebe ist! Du bist es, welche ihre Liebe auf die Erde herab lässt und verbindet! Du bist es, die dafür gesorgt hat, dass hunderte Kinder ein schöneres Sternenkindergrab bekommen werden! Auch im Himmel bist du eine wundervolle kleine Kämpferin und machst deine Eltern - deinen Papa und mich - unendlich stolz! Du bist das wundervollste Mädchen auf der ganzen Welt! Danke für alles - was du uns zeigst und in uns und auf der Welt bewirkst! Du bist ein Engel!

Nachher werden wir kleine Seifenblasen für dich fliegen lassen. Dir hätte dies sicherlich gefallen! Und wir haben einen kleinen rosa Ballon für dich und natürlich eine Geburtstagstorte - wenn auch aus Wachs bestehend. Wünsch dir was Engel!

Es ist dein Geburtstag und den sollst du im Himmel ganz toll feiern!

Wir sind immer für dich da. Wir sind hier unten und denken immerzu an dich!

Alisha wir lieben dich!!!! Happy Birthday Prinzessin <3

Tausend Küsse in den Himmel von deiner Mama und deinem Papa <3

Sonntag, 24. März 2013
Ein paar Sonnenstrahlen

Ihr Bild ist so zauberhaft. Sie ist so hübsch, meine kleine Maus. Warum durfte sie nicht bei uns bleiben? Es wäre so schön, wenn sie bei uns wäre. Ich würde sie jetzt im Arm halten. Ich dürfte sie jetzt umsorgen. Doch sie ist nicht da. Es kommt mir wie gestern vor, es ist über 5 Monate her. Wird es jemals anders? Meine Tochter wäre jetzt bei mir, es zerreißt mein Herz. Manche begreifen nicht, welch ein Glück sie mit einem gesunden Kind haben!

Ich möchte neue berufliche Wege einschlagen. Ich möchte im sozialen Bereich arbeiten - dies ist nichts Neues. Aber jetzt wage ich den Schritt. Auch wenn er ungewiss und natürlich ein finanzielles Risiko darstellt - man muss es wagen. Und wenn man hinfällt, steht man auch wieder auf. Ich habe meinen Traummann an meiner Seite, der mich liebt und unterstützt. Gemeinsam versuchen wir, meinen Traum zu erfüllen. Ich möchte als Kindertagesmutter arbeiten. Ich möchte mit Menschen arbeiten, natürlich am Liebsten mit Kindern und ich glaube der Beruf der Tagesmutter wird mir sehr gefallen und ich kann sodann endlich im sozialen Bereich arbeiten. Wir sind dabei unsere Wohnung umzugestalten, damit sie noch schöner, kindlicher und natürlich sicher wird. In einem Monat habe ich dann schon meinen Erste-Hilfe-Kurs für Säuglinge und Kleinkinder. Ich bin gespannt auf alles, was mich erwarten wird. Es wird sicherlich ganz aufregend und total neu. Ich werde noch so vieles lernen können. Und irgendwann klappt es dann vielleicht noch mit unserem eigenen Glück auf Erden. Aber bis dahin kann ich mit wundervollen Kindern arbeiten.

Alisha wir lieben dich, unsere bezaubernde Maus! Jemie unser süßes Engelchen, wir lieben dich ganz doll! Ihr seid unsere wundervollen Kinder im Himmel! Wir wissen, ihr seid immer bei uns.

Danksagung

Gerne möchte ich die Möglichkeit nutzen und ganz besonderen Menschen an dieser Stelle Danke sagen.

Der größte Dank geht an meinen Schatz. Du hast mir immer zur Seite gestanden. Mich unterstützt. Mir gezeigt, dass das Leben wertvoll und trotz des vielen Leids lebenswert und schön ist. Mit deiner unendlichen Liebe machst du mich täglich zu einer glücklichen Frau und du hast mir wundervolle Kinder geschenkt. Zwei Engel im Himmel, Alisha und Jemie, und eine gesunde Tochter auf Erden, Leyla. Du gibst mir so viel Kraft und Mut und ich weiß, mit dir an meiner Seite, kann ich alles erreichen. Ich danke dir. Ich liebe dich mein wundervoller Mann.

Danke an meine Prinzessin auf Erden, Leyla. Du bist ein paar Monate jung und hast dennoch mein Leben komplett auf den Kopf gestellt. Deine tiefe Liebe und dein Lächeln machen mich zur glücklichsten Mama auf der Welt. Ich freue mich auf unsere Erlebnisse in der Zukunft. Jeder Tag mit dir ist eine Überraschung und perfekt, genau so, wie er ist. Ich liebe dich meine kleine Prinzessin.

Danke an meine Engel im Himmel, Alisha & Jemie. Meine geliebten Sternenkinder. Meine geliebte Alisha. Mein geliebtes Engelchen Jemie. Ich durfte euch leider nur viel zu kurz in meinem Leben haben. Euch in mir tragen. Ihr habt mich sofort verwandelt. Mich mit unendlicher Mutterliebe erfüllt. Ich glaube ganz fest daran, dass ihr unsere Schutzengel seid und über uns wacht. Ich danke euch für die Kraft, den starken Willen und die Liebe, die ihr mir geschenkt habt. Ohne euch wäre ich nicht ich. Ihr seid meine Kinder im Himmel und ich liebe euch. Ich liebe dich Alisha. Ich liebe dich Jemie. Ich werde euch niemals vergessen. Ihr lebt in meinem Herzen weiter.

Danke an meine Mama. Nur wenige Menschen haben, in der wohl schwersten Zeit meines Lebens, zu mir gehalten. Meine

Entscheidungen von Grund auf akzeptiert und mich so sehr unterstützt. Ich danke dir vielmals dafür. Du hast mir so viel Halt gegeben und ich wurde bestätigt, das Richtige zu tun. Ich danke dir so sehr! Ich liebe dich.

Danke an meine verstorbene <u>Oma Traudl.</u> Auch wenn du nicht mehr unter uns bist und viel zu früh von uns gehen musstest. Du hast mich durch mein Leben geführt. Warst immer für mich da und hast mir gezeigt, wie wundervoll ein Mensch sein kann. Du warst immer eine Kämpferin und hast dich für mich starkgemacht. Du hast mein Leben inspiriert. Du bist mein Idol. Ich liebe dich Omi.

Danke an <u>meine Familie.</u> Danke für eure Unterstützung und dass ihr alle ein offenes Ohr für mich habt. Ich liebe euch.

Ich danke <u>allen,</u> die mich bei meiner/unserer Petition für die Verschönerung des Sternenkindergrabes am Frankfurter Hauptfriedhof unterstützt haben. Für die vielen Unterschriften, die Zusprüche, die Hilfestellungen. Ich danke der Stadt Frankfurt, der Friedhofsverwaltung, den Gärtnern und allen, die meinen großen Wunsch erfüllt haben: die Verschönerung des Sternenkindergrabes. Es ist wunderschön geworden. Die Engel haben einen Ruheort erhalten, wie sie ihn verdient haben. Vielen Dank!

Ich danke <u>allen wundervollen Menschen,</u> die mich auf meinem Weg zur Sternenkind-Mama und auch danach begleitet, unterstützt und ermutigt haben. Danke an die Blumen, welche meine Tochter Alisha an das Sternenkindergrab gelegt bekommen hat. Danke an die vielen Worte, Nachrichten, E-Mails und Briefe, die mir viel Kraft auf meinem Weg gegeben haben. Vielen Dank für alles!

Danke an <u>jeden Menschen,</u> der ein Danke verdient hat, aber den ich nicht gesondert aufgeführt habe.

Sternenkinder sind Engel

Sternenkinder sind Engel Gottes,

die ihre Flügel nicht ablegen konnten.

In Gottes Plan spielen sie eine größere Rolle.

(Steffi H.)